情绪的毒 身体知道

[日]自凝心平——著　萧云菁—译

北京日报出版社

前　言

"我当然也会生气，没有谁能做到完全不生气，只是生完气后，我会立刻抛诸脑后。"

昭和时代[①]的名人中村天风是思想家也是企业家，更是日本第一位瑜伽修行者。

尽管天风大师是开创天风会并将追求极致身心统一的修行方法推广给世人的伟大导师，但连他都无法做到不生气，所以他表示，既然如此，就要懂得尽快舍弃生气的情绪。

有道理，生气的情绪要立刻抛诸脑后……

---

① 日本第 124 代天皇裕仁在位期间使用的年号，时间为 1926—1989 年。

生气了！抛诸脑后。

叫人火大！抛诸脑后。

气死人了！抛诸脑后。

心烦气躁！抛诸脑后。

一旦决定立刻抛诸脑后，生气的情绪真的就不再扩大了。

尽量不要生气，越是这么想越难办到。

一旦约束自己不能生气，真的发火时，就会忍不住责备自己。

生气——立刻抛诸脑后

我认为这种习惯非常有益于身体，因为对身体而言，最重要的是初期反应，就像味道一样，是香是臭，在最初接触到的那一瞬间感觉最强烈，一旦在有那种味道的屋子里待久了，就会逐渐习惯那种味道。

而且直到离开屋子后再进来时，才会再次察觉到。

声音也是一样，如果长时间待在很吵的环境里，就会逐渐习惯那种声音而不再觉得吵闹。就像人们在发出轰隆隆响声的电车里也能照睡不误，但只要响声安静下来，反而会瞬间醒过来，这种经验相信大家都有过。

一般人对外部事物的感觉，一开始都很敏锐，但之后会逐渐降低敏锐度。如果从这个角度来思考，就能明白生气、恐惧、担心的情绪也是初期反应最重要，但这些情绪之后持续下去，甚至还"扩大"的话，就完全不合乎道理。情绪停在扩大的那个时间点上，等于是"功能性挂科"了。

如同物理现象里的"惯性定律"，心理上如果产生某种情绪，就很容易因"惯性"而持续该情绪。生气、心烦气躁、恐惧、不安、悲伤等情绪，就初期反应来说，是非常必要的存在，也是人类生存下去不可或缺的"功能"。

负面事物持续太久会发酵"腐败"，如果持续保持生气、恐惧、不安等情绪，就会带给身体"毒害"。

我从事身心联结咨询工作已经超过20年，综合心理学与生理学来协助患者解决身体上的烦恼。本书将用我这些经验解读情绪与身体之间的关系，来说明"只要懂得调整心理，就不易生病"的理由。

如同身体上有饮食、运动、睡眠等生活习惯，"心理也存在生活习惯"，如果用别的方式来说明这种心理上的生活习惯，就是"信以为真"。只要被太多信以为真的想法束缚，就容易出现生气、心烦气躁、不安、忧郁等情绪，一旦这些情绪的开关被打开，就很难从中跳脱出来。

而且这些情绪会超乎想象地在身体上以最直观的样子表现出来。

在此以"黑斑"为例。刚出生的婴儿不会有黑斑，因为黑斑是后天形成的，如果我说黑斑其实也是"情绪累积的结果"，大家是否会觉得很惊讶？

黑斑的来源是黑色素，而负责制造黑色素的是黑色素细胞。基本上黑色素细胞会负责保护皮肤，而且黑色素细胞与神经细胞是亲戚关系，所以会对太阳光产生反应，并为保护皮肤而设法撑起"遮阳伞"，偏偏有时会努力过头，才制造出不易消除的顽固黑斑来。

太阳光像聚光灯一样，最大限度地展示事物的原貌，所以当人们遇到被迫展现自己最真实的一面，并为此感到困扰，或受人瞩目而不自在时，就会发挥超出必要的"隐蔽"作用，才会制造出大量的黑色素。又因为黑色素细胞与神经细胞是亲戚，所以能敏锐察觉到带给皮肤刺激的异物。

这种情形不局限于物理上的物质,"人的视线"也是一样,尤其对他人的视线采取强烈"保护姿态"的人,身体最终会将他人的视线视为对皮肤的刺激物,而黑色素细胞也会对这种态度产生反应。

黑斑里还有一种叫肝斑的东西,它主要是由于肝脏代谢功能低下形成。提到肝脏,还会让人忍不住想到生气——本书第一章将会说明,即使不到震怒的程度,日常生活里也常会出现令人心烦气躁的情形。

比如看到路上一堆人堵着就觉得心烦气躁,心想为什么这些人走路要拖拖拉拉的,也不好好看看四周!

心想:快让出路来让我走!

对某人说的芝麻小事感到心烦气躁,心想为什么总是要唠叨这种无关紧要的事!

心想:明明就不了解真正的我!

哼,气死人,根本不是这样吧!
——我将这种情绪称为"小烦躁"。

人们想保护的事物越多，就越容易变得烦躁，即使是微小的刺激也会变得很敏感（别忘了这种时候都是在给身体投下"黑斑炸弹"）。

就皮肤的功能来说，我们的表皮具有"再生"功能，这是非常令人开心的功能，即使有黑色素，也会随着再生周期被代谢到角质层。但如果皮肤持续受到刺激，就会大量制造出黑色素并结合在一起，一旦黑色素变大又变重，就很难随着再生周期被代谢出去。

如果黑色素是稀稀落落的，就能被排除出去，但如果它们"结起伙"来，就会永远留在皮肤里……这种长期赖在原地的物质，就是黑斑，而这种机制也能套用在情绪的发展上。

黑色素细胞不只会对太阳光产生反应，也会对身体内部的情绪产生反应，所以当"小烦躁"不断累积结合在一起时，就会形成顽固的黑斑。容我重申，黑色素"结伙"才是最大的问题，所以要预防黑斑的形成，一定要趁"小烦躁"还"小"时，提高对黑色素"结伙"的分解力。"分解、了解"，换句话说，必须先解开你的"信以为真"，试着了解对方的立场或对事物的看法。

或许有些人会觉得了解对方好像是"在向对方妥协"，因此心理上会产生抗拒，但这绝对是必要的。就像预防黑斑的形成，如果想阻断坏情绪的连续性，避免毒害身体，那么了解对方绝对是最有效的手段。

来吧，让我们开始上课！

看到路上一堆人就觉得心烦气躁，心想为什么这些人走路要拖拖拉拉的，也不懂得好好看看四周！

分解"小烦躁"的思考方式："这个人正在打乱我焦躁模式的节奏。"

孩子在我正忙时耍脾气，心想为什么偏偏要挑这种时候！

分解"小烦躁"的思考方式："这孩子正在帮我排解不安的情绪。"

对某人说的芝麻小事感到心烦气躁，心想为什么老是要说这种事来打扰我！

分解"小烦躁"的思考方式："这个人也希望我能多了解他吧！"

如同"小烦躁"与黑斑的关系一样，心理与身体也随时联动着。黑色素还小时很容易被驱赶出去,"结伙"后就很难排除,这种情形也能套用在情绪的发展上,如果情绪变得越来越大,就很难排出体外。

本书将以丰富的案例解说心理与身体的关系,以及情绪如何影响身体。

内容分为五个单元,针对"生气、心烦气躁""犹豫、不安""悲伤、寂寞""忧郁、无精打采""恐惧、害怕",现代人最容易烦恼的五种代表性情绪,分别提出有效的分解法与应对法。

只要了解情绪的形成机制,以及对身体的影响方式,就能找到将"情绪之毒"赶出身体的方法。抛弃不必要的情绪,调整必要的情绪,让自己神清气爽,找回你原本应有的自由之身吧!

自凝心平

目 录

第 1 章

调整生气、心烦气躁的情绪

- **生气易伤肝**　4
    - 不被了解的懊恼，会显露在眼里　9
    - 肚子上的脂肪，是心烦气躁的集合体　13
    - 腰痛是"我都已经为他做到这种程度"的生气表现　18
    - 膝盖痛与不协调感，来自对伴侣的怒气　23
    - 忌妒，会引发慢性僵硬　27
    - 手会干燥，是对"为什么都是我在忙"的不满　31
    - "为什么我得这么做"会造成手发痒　37
- **要调整生气、心烦气躁的情绪，必须注意行为举止**　42

Column ❶ 脏器时间　46

第 2 章

调整犹豫、不安的情绪

- **多思易伤脾胃** 52
  - 皮肤粗糙，是在告知"现在就是大好时机！" 56
  - 上臂肌肉松弛是犹豫不决的结果 61
  - 小腿出问题，表示人生设计上出现了黄灯 65
  - 潜藏在严重 PMS 里的内在小孩 69
- **要调整犹豫、不安的情绪，必须集中在"此时、此处"** 74

Column ❷ 胸与臀的阴阳平衡 78

第 3 章

调整悲伤、寂寞的情绪

- **悲伤易伤肺** 84

    忍住想哭的情绪，很容易感冒 88

    一旦不了解自己是谁，身体就会出现许多小症状 92

    恶心所告知的深沉悲痛 96

- **要调整悲伤、寂寞的情绪，必须增加吐气** 100

Column ❸ 要看月亮，就用非惯用眼看 103

第 4 章

调整忧郁、无精打采的情绪

- **忧郁易伤心** 110
  - 肩膀的使用方法，能看出自我评价的高低 114
  - 锻炼锁骨，就是在锻炼"自制力" 119
  - 从乳房疾病，看出心理纠葛 122
  - 会便秘，是因为事事都想延后处理 126
- **要调整忧郁、无精打采的情绪，就对身旁的人道声"早"** 130

Column ❹ 语言的力量 133

第 5 章

调整恐惧、害怕的情绪

- **恐惧易伤肾** 140
    - 尿频，缘于迷失自己的恐惧 145
    - 长痘痘，是雄性激素与雌性激素在交战 150
    - 肩胛骨僵硬，是对自由的需求不满足 155
    - 腿部浮肿，是对迷失人生方向的恐惧 159
- **要调整恐惧、害怕的情绪，就抬头挺胸走路** 163

后记 167

第 1 章

调整生气、心烦气躁的情绪

相关的主要器官

肝脏

　　肝脏是最大的消化器官,人体除了有动脉和静脉外,还有被称为门静脉的特殊血管,流经肠胃、脾脏、胰脏等腹部内主要器官的血液,在流回心脏之前会通过门静脉被送到肝脏去。

　　肝脏的主要功能有"储存与加工养分""分解酒精、食品添加剂、药物等物质,使其无毒化(解毒)""制造胆汁",还有超过500种其他功能,是一个巨大的化工厂,而且从不抱怨,默默工作,是保护人体健康的主要器官。

● **生气易伤肝**

如果能调整好生气这种情绪，人生一定能过得很轻松。

虽然可能会被误解，但我一定要说，生气是"必要的"情绪，这是为证明你是对的，也为保护你身体的"节奏"，才会有心烦气躁与生气的情绪。

只是生气通常多以"不正确的生气"方式被呈现出来。

而会引发问题的就是这种"不正确的生气"，它会造成在体内"燃烧"不完全的状态。

你生气时是否就是这种"不正确的生气"？不妨来看一下特征。

第一个特征是"找错对象"。

明明错不在这个人身上,只是因为找这个人发泄比较容易,所以就将气出在这个人身上。例如:丈夫在公司发生不愉快,回家后找妻子出气;心烦气躁的妈妈,把气撒在孩子身上。

因为某人而感到心烦气躁,却将对象转向他人,把气出在那个人身上,波及的其实是无辜的人。只要无法对原本该提出意见的人说出自己的想法,就很容易转移对象,将情绪发泄在另一个人身上。

第二个特征是会说"为什么?为何?"

"你为何要这么做?"

"你为什么就是不懂啊?"

生气是继发性的情绪,背后往往隐藏着寂寞、悲伤、想求助、想被了解、渴望被爱的需求,生气只是用来掩饰这些需求的"盖子"。

没错,说穿了,生气的真面目就是"想被了解"。

因为"想被了解"才生气,偏偏被发泄怒气的人会因此更无法了解你……

无法坦然面对"到底希望对方了解自己什么"就直接发飙,只会让怒气以"不正确的生气"形式留在身体里。

生气其实是一种不了解的对立状态。

既然你不了解我,我也没必要了解你。

希望被了解,但真的被了解时,又觉得受不了。

当这种复杂的内心纠葛超过极限时,就会影响负责"了解"的器官——肝脏。

众所周知,肝脏的一大功能就是解毒,而要解毒就必须"了解毒害",所以肝脏会仔细观察被运送过来的东西,确实了解对方的性质后,再判断这个东西对自己是否有必要。

生气是最会阻碍肝脏执行"想了解对方"这种工作的情绪。

肝脏虚弱时会出现的自觉症状	
肌肉抖动	排便不顺畅
脚抽筋	时而便秘，时而腹泻
手脚发麻	痔疮（瘀血性）
指甲变脆，指甲剥离	贫血
眼睛充血	无月经，经血量少
眼睛容易疲劳，视力模糊	经期不固定
眼睛干燥，感觉有异物	浅眠且容易做梦
感觉光线刺眼，一直想闭眼睛	喉咙有异物感
磨牙	太阳穴疼痛
牙龈炎	腰痛

生气其实也是肝脏疲倦的表征。

俗话说，生气时会"气血往头上冲"，实际上此时血液真的会往上流动，导致没有足够的血液流到肝脏里。

既然生气时气血都往头上冲了，如果再用"头脑"来找生气的原因，只会得到相反的效果。

生气时最好的应对法是"不管三七二十一先睡一觉再说"，

只要获得充足的睡眠，就能带给肝脏充分的营养补给，如此一来才有充裕的心力，思考要对谁生气、为什么而生气、想要对方如何了解自己。

常将怒气压抑下来的人，最常说的话是"绝对""一定"。

这是一种想证明"我是对的"的需求。生气的确是为了证明你是"对"的，但必须了解"对和幸福不见得一定能两全"。

换句话说，"对"不代表一定能得到"幸福"。

对身体来说，与其养成只懂得主张"对"的习惯，不如养成懂得选择"幸福"的习惯，才更有益于健康。

不被了解的懊恼,
会显露在眼里

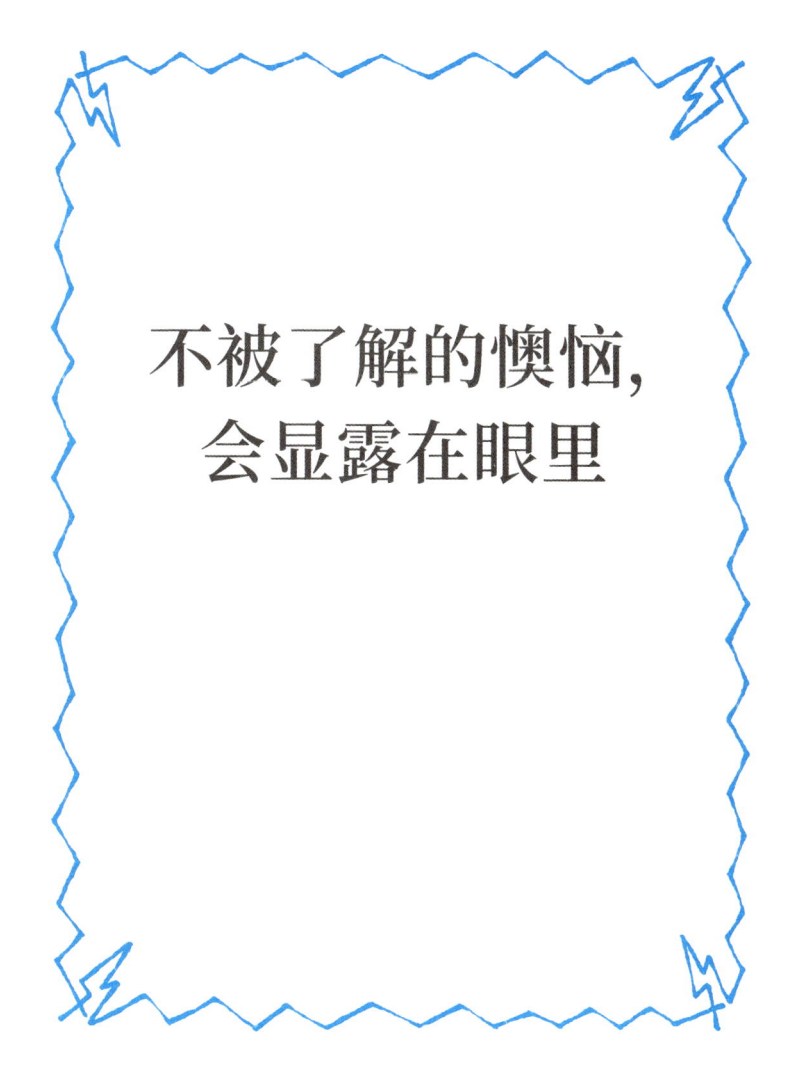

眼睛是非常精密的器官。

一旦疲劳、充血、干燥，就很容易出现各种症状。

眼睛的不健康症状经常出现在"拼命三郎"身上。

例如结膜炎、眼睛疲劳、眼压高的青光眼等，或眼皮抖动、眼皮很重、有种往下垂的感觉等。

眼睛会出现这类症状的人，因为都是拼命三郎型的人，所以很少会表现出痛苦的样子来，反而这样想着：

这点小事难不倒我。

我的能力可不只这些。

这样的人会在装酷的同时，仔细观察四周。

明明自己这么努力提升实力，却有人在浑水摸鱼、拍领导马屁、拼命抱怨，看到这样的人，不知不觉一股怒气冲了上来。

刚开始还只有"你也来帮帮忙呀"的不耐烦情绪，但逐渐变成"心烦气躁"，最后演变成"你给我适可而止吧"的火暴情绪。

眼皮也可以写成"目盖"，所以眼皮痉挛就像眼睛上的盖子已经被煮沸的感觉。

不过平常我们对眼皮痉挛不会想得太严重，只会想"是不是有点累了？"认为休息一下就会很快消失，但如果眼皮迟迟没有停止痉挛，就会逐渐感到不安，最后甚至怀疑自己是否得了眼睑下垂之类的疾病。如果真是这样，就应该马上让医生检查，千万别拖太久。

如果最后检查的结果证实不是疾病，就必须怀疑是否因为"心理"问题而表现在身体症状上。

眼皮下垂，也就是"将眼睛盖上盖子"的潜意识在身体上的表现，基本上右眼与左眼并不相同。

右眼代表要关闭社交性。

左眼代表要掩饰女性特质。

通常人们认为将眼睛盖上盖子，是一种"不去看不想看的东西"的心理表征，但其实正好相反，往往是因为"不想让人看见自己的软弱面"的心理作用所致。

右眼：不想破坏看似很酷的自己。不想让人发现，原来如此努力的自己也有很逊的一面。

左眼：不想被人看到自己内心的动摇。不想让对方意识到自己是一个柔弱的人。

由于不想被发现自己也有软弱的一面，只要有什么事不合自己的意，就会对周围的人产生"我是对的""只会拍马屁的人才可恶"的情绪。

俗话说，眼睛和嘴巴一样都能传达情绪，所以越是眼皮抖个不停或下垂的人，其实传达出来的信息越多。

乍看之下坚强的人、被依赖的人、常被请求给予建议的人，内心其实都是很复杂的。

不想被人瞧不起、不想被人随便对待，越是用这种态度在努力的人，越会比他人细心、比他人更努力地工作。

但有一天突然发现，怎么好像只有自己很吃亏。

因为周围的人对自己已经持有某种既有的印象，但自己其实也有软弱的一面，被夹在如此不同的自己之间痛苦不已……这种心理最后显露在眼里。

此时如果继续逞强，只会加剧眼皮抖动。

一定要明白眼睛是在发出警告，不妨对自己想讨好的心理说声"OK"吧。

因为勇于承认自己软弱的人，才是真正坚强的人。

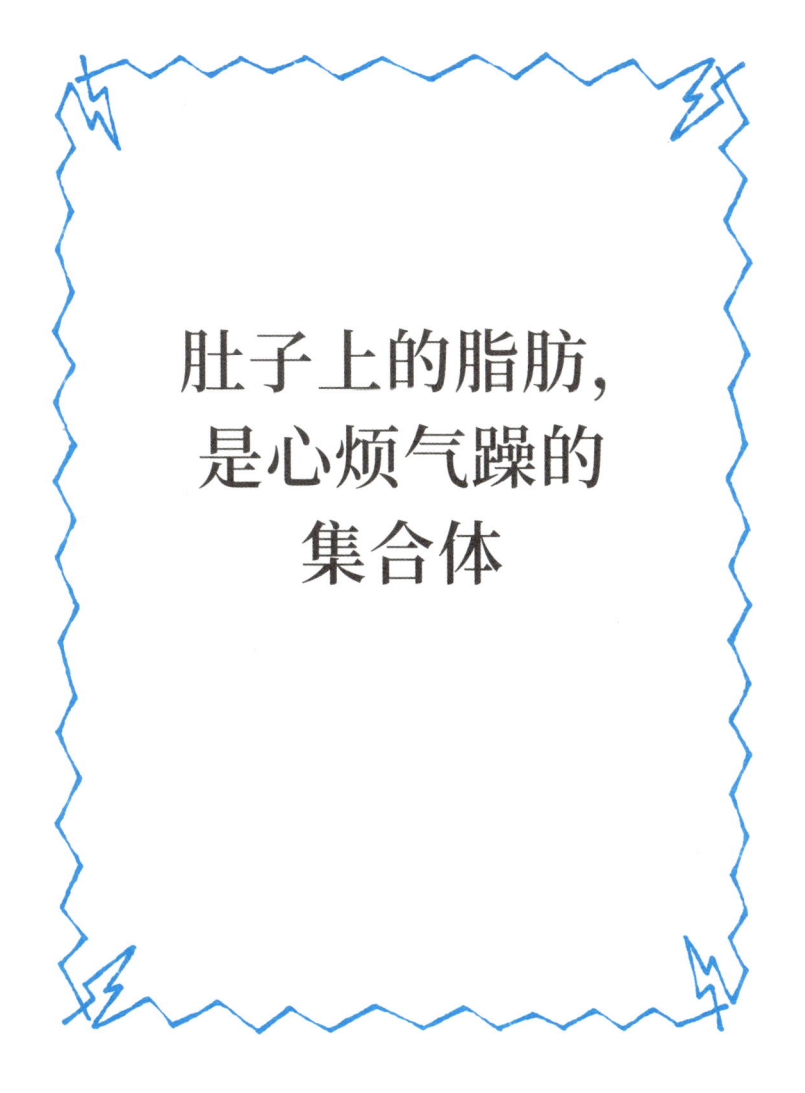

肚子上的脂肪，是心烦气躁的集合体

很想把肚子上那一圈脂肪消掉,这时你会怎么做?改变饮食方式?还是开始经常做运动,尤其是仰卧起坐?

这些全都尝试过了,但就是除不掉脂肪!我常听到人们如此抱怨。

从减肥与预防代谢综合征的立场来看,肚子上的脂肪一向被视为坏蛋,但其实肚子上会有一圈脂肪是有其道理的,如果不试着了解这个道理,即使每天积极地做仰卧起坐,也很难产生效果。

要让肚子健康地消下去,最重要的心理就是"大胆"。

你脑袋里此时是否出现了一个大大的"?",现在就来说明两者之间的关系。

"大胆"这个词包含了体内的某个器官。对,就是胆,也就是胆囊。

胆囊位于肝脏下面,负责分泌胆汁,而胆汁是用来分解脂肪的消化液。当脂肪进入胃里后,会接受胆囊分泌的胆汁洗礼,被彻底分解开来。换句话说,胆汁分泌不良的人,自然不易分解脂肪。

偏偏有些人的胆囊天生就比较小,相较于"大胆"的人来说,这样的人就是"胆小"的人。胆囊比较小的人,因为分泌的胆汁也比较少,所以容易囤积脂肪。

根据韩国某专门研究"八大体质"的研究人员所述,胆囊较小的人通常大肠都比较粗、比较大,因此吸收水分的能力也会比较强。

尽管每个人因体质不同会有不同的结果,但基本上只要吸收过多水分,肚子就容易虚寒。

脂肪组织就某个层面来说,很像毛巾,负责扮演不让器官虚寒的角色,所以容易囤积脂肪的人,表示身体比较虚寒,而肚子上的脂肪当然也是为保护肚子里的器官不受虚寒而存在。

附带说明,另一个让人在意脂肪多寡的部位是上臂,脖子到手臂都具有释放热能的作用,所以天气一冷时,大家就习惯把脖子缩起来,就是要避免热能被过度释放。身体虚寒的人,为了不让热能流失太多,才会在手臂等处囤积脂肪,目的就是要预防散热过度。

"大胆"这个词还含有富有胆力的意思,也就是拥有决断能力和耐力,才有办法拥有与众不同的创意,也能清楚表达自己的意见。

相反,"胆小"的人总是担心他人如何看待自己、如何评价自己,为此随时绷紧神经,也随时想避开周围人的视线,怕被人们伤害到。

例如,在职场上常常心烦气躁甚至会骂下属的人,虽然内心很清楚应该尽量把工作交给年轻人去挑战,却忍不住将焦点放在年轻人不够可靠的缺点上,因此事情还没发生就不断地唠叨。

这个类型的人乍看之下很强势,但其实是害怕失败的人,因为胆量小才会对他人的行为生气。

只要心理产生这种想法,身体就会为了保护自己,吸收超量的水分,囤积不必要的脂肪,完全是平常的心理状态展现在身体上的结果。

肚子里有小肠和大肠等重要的消化器官,如果是女性的话,还有子宫和卵巢等非常重要的生殖器官,为了保护这些器官，脂肪才会聚集在这些器官四周。

换句话说，肚子上的脂肪是"想要保护什么"的心理表征。

"保护"是很重要的工作，但如果过度，就会囤积过多不必要的脂肪，这一点一定要记住。如果想拥有苗条的肚子，就要敞开心胸，偶尔甚至大胆一点，届时自然能和多余的脂肪及心烦气躁说再见。

腰痛是
"我都已经为他做到这种程度"的
生气表现

据说出现在身体上的自觉症状中，最常见的是腰痛。

例如椎间盘突出或闪到腰等，而且通常只要有过一次这种症状，就很容易变成惯性，有些人甚至长期为此苦恼。

有腰痛毛病的人，共同点就是容易生气、容易心烦气躁、性急、有焦躁感、累积过多愤怒型的压力。说得再明白一点，就是"我都已经为他做到这种程度，他却连一句感谢的话也没有"，因此感到心烦气躁而累积的愤怒。

有腰痛毛病的人以认真的人居多，也有比较幼稚的一面。

因为认真，所以会为了对某人好而拼命努力，却没察觉自己其实是希望得到这个人的好评，能被这个人称赞。于是某一天突然有感而发。

"奇怪，我为他做了这么多，但他好像以为'这是应该的'。"

"那个人从来不曾对我说'谢谢'。"

这就是疼痛的腰在对自己喊话。

关于腰痛，大家都有一个很大的误解。

通常腰痛时，我们会直觉地认为"啊，腰骨出了问题"，但真正该聚焦的应是四周的肌肉而非骨头，因为骨头会错位，起因可能是腰部肌肉的异常收缩。

腰痛是身体左右两边对肌肉使用不均衡的缘故。举例来说，如果只用右边或左边其中一边来提重物，并行走一段较长的距离，而在这种身体"偏向一边"的状态下，正好来到陡峭的下坡路段……此时只要将身体重量加诸脚跟，就会当场腰痛起来。

此外，所谓关键时刻总能发挥潜能，肌肉也潜藏着必要时能瞬间爆发出来的能量，过度相信这股力量的人，也比较容易腰痛。

"最后只能靠我了，我一定办得到。"

"在紧要关头，我一定能发挥实力！应该是……"

这种"信以为真"的想法会将自己逼到绝境，甚至是习惯主动去陷入这种绝境，这也是有腰痛毛病的人的共同点与心理状态。

相扑竞技里有一个绝招，在被对手逼到土俵①的边界时，反过来将对手抬起来摔出场外的招式，只要应用得宜，就能有戏剧性的逆转。

但要使用这个招式，必须将对手抱起来，这会给腰带来极大的负担，如果没有掌握好时机，就会被对手重重压倒在地，严重损伤腰部，以最难堪的方式败阵，甚至有可能造成腰部无法弥补的伤害。

就传统医学观点来说，肌肉和肝脏有很深的关系，而容易被累积在肝脏里的情绪，就是"生气"和"心烦气躁"。

肝脏负责提供全身必要的葡萄糖，而葡萄糖不只是肌肉的能量来源，也是脑的能量来源，所以容易心急的人、想太多的人，葡萄糖会集中到脑部，因此不够提供给脖子以下大的肌肉。

简单来说，心烦气躁和容易生气都是一种警示，表示能量没被充足供应到脖子以下的身体里。

---

① 日本相扑比赛中的圆形黏土擂台，直径约 4.55 米，高 34—60 厘米，并以米袋围起来。土俵上面覆盖沙子，并建造在长宽各约 6.7 米的方形平台上。

如果觉得自己的腰有点沉重，就用双手和双脚的指（趾）头，做做"石头和布"的运动。

先将指（趾）头紧紧缩起来，数六下后再用力张开。必须反复多做几次。

基本上只用脚做就行，但可以的话，最好是手脚同时做。

设法让身体左右两边的肌肉均衡使出力气，是这个运动的重点。

只要身体充满能量，腰部也够强韧，自然就有办法冷静下来面对原本的愤怒情绪。

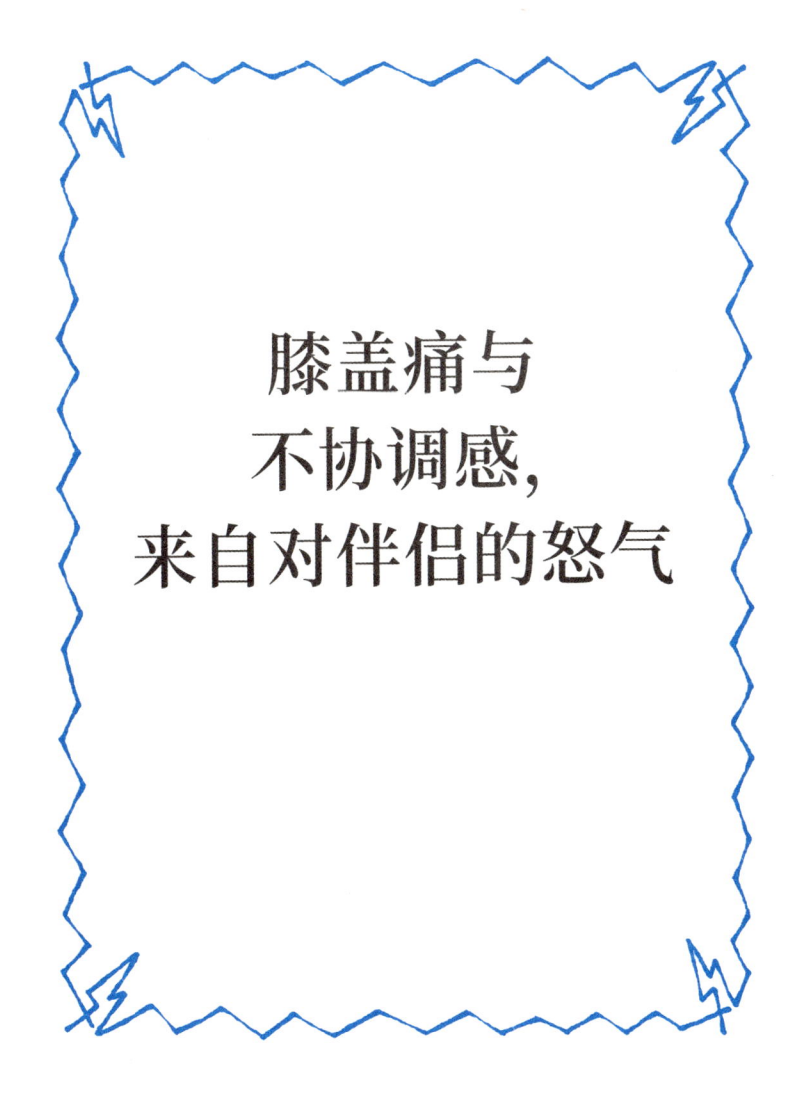

膝盖痛与不协调感，来自对伴侣的怒气

膝盖是承受人体主要重量的部位。

有不少人有"O"形腿的问题，其实人在婴儿时期都是"O"形腿，简单来说，人类出生时都是"O"形腿，只是随着成长逐渐变成"X"形腿，到了小学高年级时，才成为直腿。

之后随着年龄的增长，会逐渐累积膝盖上的负担，慢慢出现疼痛与不协调感，不过膝盖的症状往往来自对伴侣的怒气。

咦，这是什么意思？我似乎能听到大家的这种疑问。

在此就来说明一下。

膝盖的问题几乎都不是出在膝盖本身，而是来自"脚踝"和"髋关节"的使用方法。

脚踝是"顽固"的表征，髋关节则是"不成熟"的表征。

如后文"腿部浮肿，是对迷失人生方向的恐惧"一节所述，脚踝还代表了"美学意识"与"方针"，而这些心理或许就是"顽固"朝良好方向发展的结果。换句话说，脚踝反映的是人们随着年龄的增长而累积的结果。

相反，髋关节则受婴儿期、幼儿期的心理影响。

因此，介于脚踝与髋关节之间的膝盖，象征的就是成人与幼儿期之间的心理，也就是青春期的情绪。

青春期开始对异性产生兴趣，也是体验失恋等经验的时期，因此有些人会故作成熟，或相反有些人会始终对异性表现出如孩童般的依赖心理。

这种情形会影响日后的夫妻关系或伴侣关系，并通过膝盖表现出来。

右边膝盖代表"我并没有错"的心理，容易累积对伴侣的顽固情绪；左边膝盖代表"你根本不了解我"的心理，容易累积对伴侣的怒气。

要解开这些负面情绪，特别建议进行膝盖的自我疗法。

具体做法是用左手包覆住右膝盖，用右手包覆住左膝盖。

此时右臂应在左臂上面。

然后用手掌温热膝盖，静止 10 秒钟，或慢慢地绕圈按摩。

10秒钟后，再交换两手，让左臂在右臂上面，保持手臂交叉的情形同样进行10秒钟。

膝盖紧绷时，很容易因为左右两边的失衡，出现疼痛甚至受伤的情形。

一定要诚心诚意地设法消除累积甚久的顽固心理。

忌妒，
会引发慢性僵硬

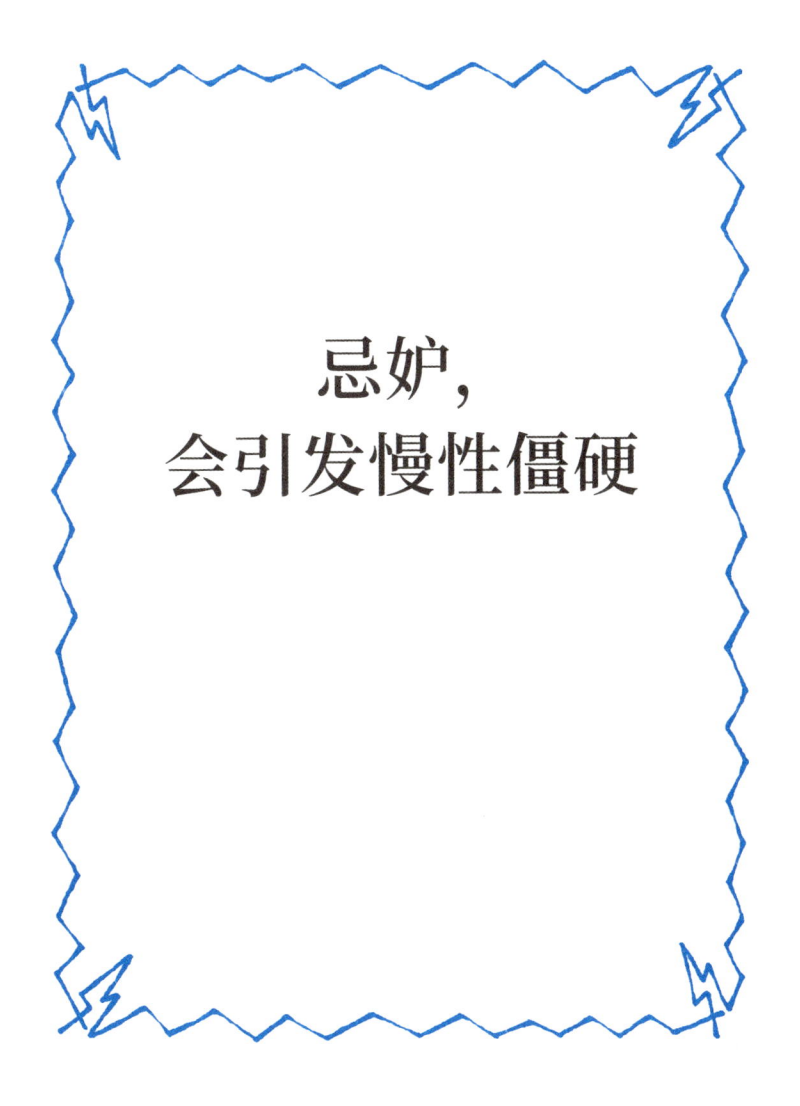

很多人都有长期脖子僵硬的问题。

严重时甚至会引发头痛等症状,即使按摩或按压穴道能暂时减缓疼痛,也很快又会痛起来,陷入恶性循环。

脖子一带交错着各种心理问题。

例如,压力、过度察言观色、过度细心、不安、担心、吃醋、忌妒……

由此可见,脖子很容易出现各种"心理失衡"的状态。

脖子是头和身体交接的地方,不论头的节奏还是身体的节奏,都由脖子一带负责调节。

请先想象"气"以大"8"字形流动时,会是什么情形。

上面的圆圈是头,下面的圆圈到肚子一带。

"8"字形的交接处正好在脖子上。请以上下为 1∶2 的比例想象一下。接着请想象"气"正流动在"8"字形的上半部分,而且不断地循环着。

然后想象头代表的上面的圆圈正逐渐扩大。"气"不断地流进头里,不断在头里回流着……

第1章 调整生气、心烦气躁的情绪

此时会不会开始觉得，脖子一带似乎越来越重了？

当"气"不断往上冲时，会给脖子造成负担。实际上平常不太活动身体，却大量使用头脑的人，应该都会觉得头重重地压在脖子上吧？

传统医学认为体内有"气、血、津液"三样物质在循环，只要"气"流动起来，"血"与"津液"就会朝相同方向流动起来，所以当"气"只往头部流动时，血自然也会往头部聚集。过多的血往头部流当然会有危险，加上此时身体里的血想要流往头部，所以脖子一带会设法阻止血继续往上流，才造成脖子僵硬的结果，事实上有时身体会因此在颈动脉一带形成微小的血栓。

尤其在与他人竞争时，或因此感到烦躁时，甚至是在意他人对自己的评价时，或产生忌妒、压力等情绪时，都会造成"气"的上升。但由于这种"气"的流动方式并非正常的循环方式，所以会造成体内的"气"不足，如此一来，"血"和"津液"也会跟着滞留在脖子一带，无法顺利流动到身体中。

长时间坐在办公桌前工作时，两边的肩膀很容易不知不觉地高耸起来，一旦成为习惯，最后连平常走路时都会不自觉地高耸起肩膀。

换句话说，等于无时无刻都处在"气"上升的状态。

最好的改善方法就是刻意放松双手，设法让"气"往下流动，也就是设法扩大"8"字形下半部的圆圈，仿佛要将滞留在脖子里的忌妒和压力全部往下压出。

只要每天加强这一意念，日积月累就能改善脖子僵硬的问题。

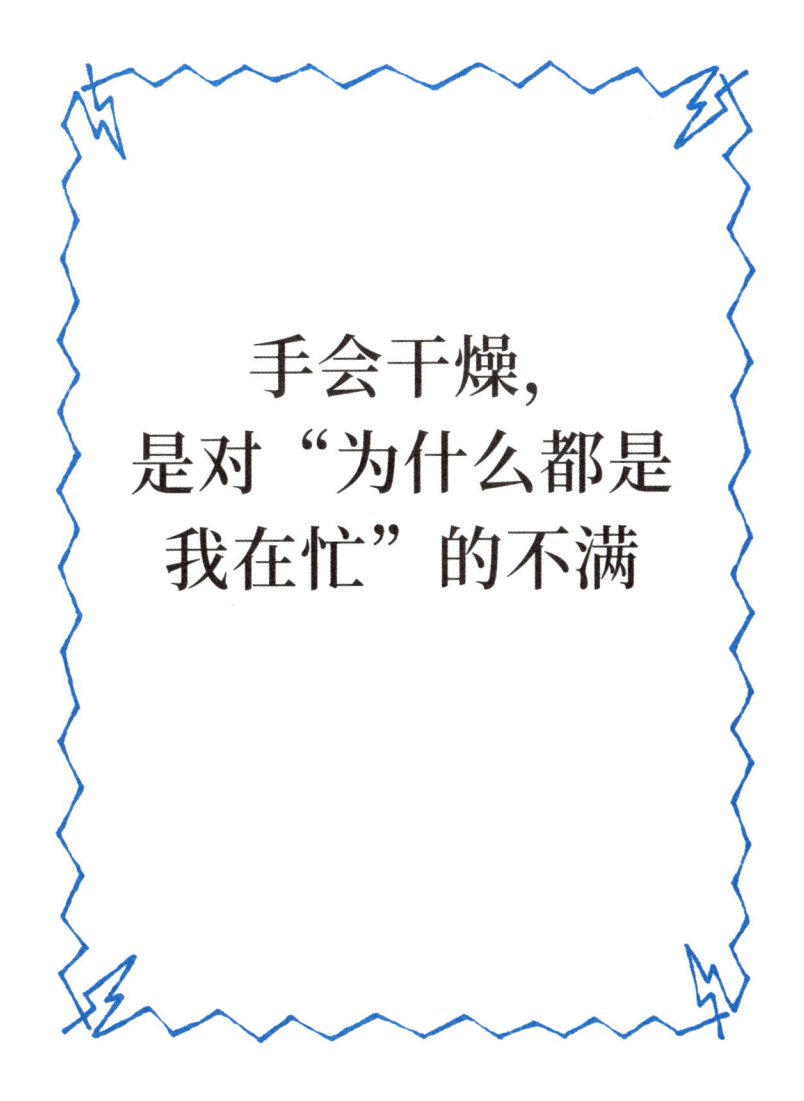

手会干燥,是对"为什么都是我在忙"的不满

要治疗手上皮肤的粗糙或干燥，可以涂护手霜或戴上专用的手套来保护，各种应对策略还真不少，可见有这类烦恼的人很多，不过最应注意的是"保护的时段"。

其实要保护双手，最适当的时段是晚上7—9点。

"这段时间哪有空保护什么手啊！"我似乎能听到不少女性传来这样的声音。

不仅要洗碗盘，还要准备帮孩子洗澡，这段时间是主妇最忙的时候，当然也是因为这样才让双手变粗糙的吧，但也因此潜藏着"你们也动手帮忙呀"的需求。

负责做家务的主妇，看着家人坐在沙发上放松，甚至躺在地板上看电视时，尽管心想这也是没办法的事，但内心还是会忍不住产生"为什么都是我在做……"的情绪。

千万别以为手部粗糙是负责做家务的女性才有的烦恼，因为现今已经不是"男人就该这样、女人就该那样"的时代，以往的常态做法已经不适用了，实际上就有家庭是由丈夫担任做家务的"主夫"。

手会粗糙缘于"手的干燥"。

干燥虽然多发生在气温下降的冬天里，但其实只有寒冷这个因素，并不会造成干燥，因为身体为了抵抗寒冷，会让血液集中到手上，干燥就是热能集中到手上的缘故。

当手上充满热能时，表皮就会干燥，导致皮肤容易破皮，因此出现发炎症状，或造成手部粗糙。

手指对外在温度很敏感，能很快被温热，也会很快被冷却，为配合手指这种快速变化，身体会从内部进行调节，有时会输送温热的血液，有时会降低温度，当这种调节工作紊乱时，手就容易变干燥。

手臂和手指等上半身的体温调节，就传统医学观点来说，与心包经的"气"流动方式有关。心包经负责调节一整天的血液循环，如果以传统医学的脏器时间为参考来看身体的运作时间，心包经的运作时段就在晚上 7—9 点。

换句话说，一整天的血液循环不论往上还是往下流动，体温的上下调节工作都是在这个时段里进行的。附带说明，晚上 9—11 点是调整淋巴循环的时段，所以对双脚和下半身的微调作业，主要都在这个时段里进行。

所以要保护双手，应在晚上7—9点这段时间进行，但对主妇来说，这个时段正好是得做家务的时候，很难停下手来护手。

但至少可以做到注意"温度差异"。

例如，洗碗盘时的冷水与温水差异、美发师的吹风机吹到手上时的温度差异、折叠衣物时静电产生的微妙温度差异等，都有可能造成手的粗糙。

尤其是秋季到冬季，室外温度与室内温度的差异会很大。

即使室内外温度有差异，或做家务时有温度差异，也非每个人的手都很粗糙，当中的差别就在于影响身体调节温度的心理因素。

"心理的温度差异"就是"容易变热也容易变冷"的心理。

一天当中，常常会想做这件事，也想做那件事，之后觉得还是算了，没多久又觉得还是试试看好，因为很有趣……这种随时在改变情绪与心理的情形，都会促使热能跟着移动，如果发生在气温差异原本就剧烈的季节里，这种内部的心理混乱情形就会更严重，使处于身体末梢位置的手脚，更无法顺利调节温度的移动。

晚上7—9点是调节一天的情绪起伏以及伴随情绪起伏的热能移动的时间，如果在这段时间，再因为温水与冷水造成手的温度出现差异，身体就会无所适从，不知该如何运作。

在这种情况下，热能自然容易聚集在一起，也会因此让手变干燥。

对主妇来说，晚上7—9点是为家人操劳的时间，黄昏之前的时间才是自己的时间，因此会想利用这段时间来做这个、做那个，但最后往往是"没能完成"，如果这种情形持续到晚上7点，就会有更强烈的焦躁感，觉得"为什么都是我在忙"。

如果想有效预防手变粗糙，就要遵守以下事项：

◇为避免一天下来出现心理上的温度差异，应在早上决定好今天要做的事。

◇为避免让手在晚上7—9点过度操劳，应事先做好必要的准备工作。

当然也可以主动请家人帮忙做晚上的家务,但如果是以抱怨的语气提出,家人恐怕会板起脸孔,所以别用强烈的口吻要求,应用"要是你能帮忙,我会很开心"的口气提出。

尤其是有"今天就只做这个好了"的心理时,会更有效果。不仅如此,如果能将这种心理"意识化",就能逐渐将自己从"为什么都是我在忙"的不满状态里解放出来。

"为什么我得这么做"会造成手发痒

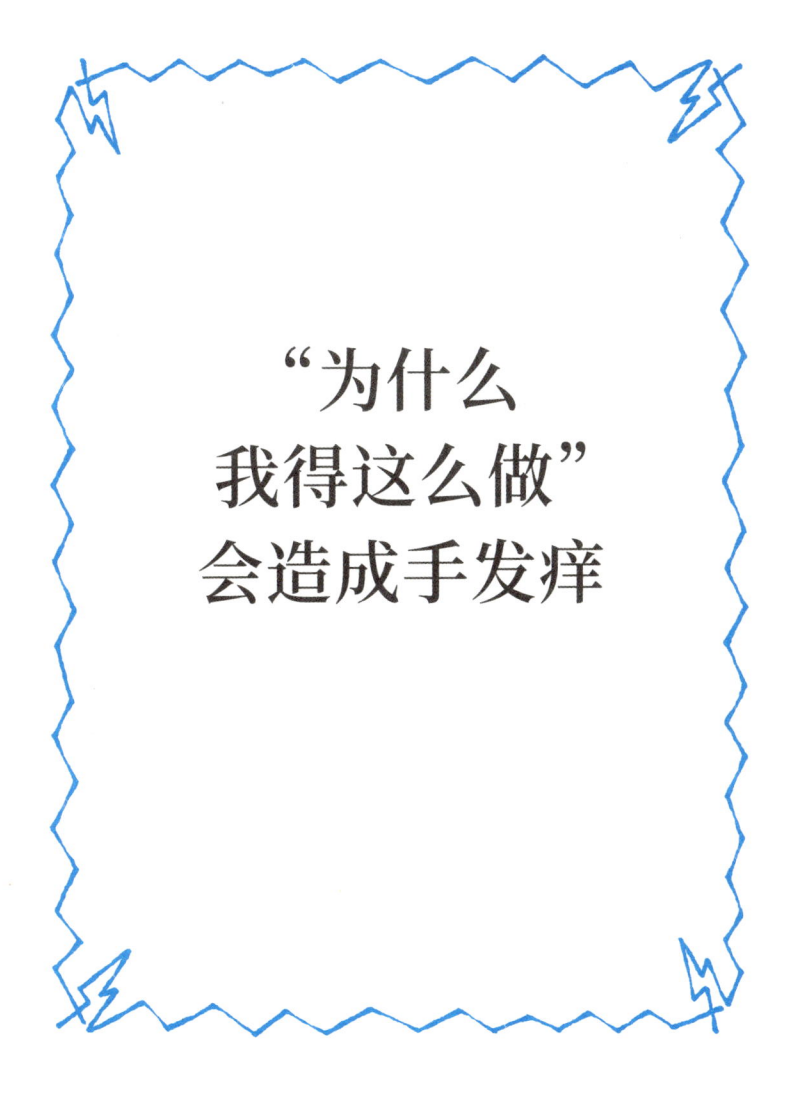

手粗糙皲裂时，除了前面提到的干燥症状外，其实还有其他各种症状。

我就常常接到患者咨询，表示很想治好刺痛感，甚至是令人无法忍受的发痒情形，每次听了都觉得很有切身之痛的感觉，因为有皮肤皲裂和湿疹烦恼的人确实不少。

这种手粗糙皲裂的真正原因，来自"我应该被这样对待吗"的心理表征（如果是在职场里这么说，恐怕会被批评"这家伙搞什么？自以为了不起！"）。

但更准确地说，有这种情形的人，其实内心都认为"这种工作真是无趣……"

手会粗糙皲裂同时象征了想从被呵护长大的环境里自立的心理。

即使不到过度保护的程度，在毫无阻碍的情形下长大的人，进入社会后也很容易因为觉得自己无法做好而大受打击，或对自己只被视为平常人中的一分子感到沮丧。

"为什么？""不该是这样的……"种种初尝的小挫败，以手变粗糙的方式呈现出来。

如果顺着让手变粗糙的心理追踪下去，就会来到脖子，虽然这里与手有些距离，可我们要特别分析一下脖子的骨头——颈椎。

负责支撑头部的骨头——颈椎，是由 7 块骨头构成的，并有神经穿梭其间，而且前后各有 8 条。前面第 4 条到第 8 条的神经，与后面第 5 条到第 8 条的神经，都以成束的状态往手臂方向延伸而去。

这些神经被称为"臂丛神经"，而且手臂神经的末端、神经末梢，会一路连接到皮肤，只要这些神经有过敏情形，就会出现"手粗糙皲裂"的症状。

一般人并不认为神经与皮肤有关，但以大家常听到的疱疹为例来说，虽然是由疱疹病毒引起的，但其实疱疹病毒平常就潜伏在神经组织里，只要病毒活跃，症状就会出现在皮肤上。

回到手粗糙皲裂的情形。彻底追究手粗糙皲裂的原因后，会发现与颈椎出问题有关，而颈椎原本就是容易错位的部位，也是容易承受"压力""烦躁""压抑"等情绪的部位。

神经过敏，表示颈椎处在异常紧绷、反射也过快的状态里，所以如果手上突然出现湿疹，不妨认为这并非慢性错位，而是因故突然紧急错位。如果长期带给脖子和肩膀压力，不只有手粗糙皲裂的情形，还会出现关节痛的症状，甚至会变得僵硬。

换句话说，表示此时正承受着"初尝"的压力。新人刚进公司时，常常会被要求执行"谁都会做"的工作，如去复印资料、整理单据、帮忙前辈等，但因为从小就被父母呵护长大，所以此时只要心想"连父母都没要求过我做这种（无聊的）事，现在居然被迫要做！"自然就会产生"为什么要我做"的不服气心情，而这种情绪会依序传到脖子—手臂—手指，在"我不想做这种工作"的心理下，引发手粗糙皲裂的情形。

其实这些工作并非"被迫"而做的工作。

因为进入社会代表的意义，就是要脱离父母给予的环境，开始由自己负起责任地做出选择。

手会粗糙皲裂就是要提醒我们，应该好好重新审视自己

"为什么要选择这份工作""这份工作对自己来说是否是必要的",然后坦然接受自己的工作。

即使是乍看之下"谁都会做的工作",也要用心执行,最终才能将这份工作变成"只有我才做得来的工作",届时不仅工作质量大为提高,也能让通过手来表现不服气的心理镇静下来。

● **要调整生气、心烦气躁的情绪，必须注意行为举止**

　　肝脏健康的人，给人的第一印象就是身体很结实，上臂、大腿、屁股、小腿等各部位，都没有任何赘肉。而且身上会散发出充满理智的气息，只要站在那里就很有存在感，看上去就像自带光环。

　　肝脏健康的人，最大的魅力在行为举止。

　　站立、走路、蹲下、盘腿，不论做什么动作都很优雅，就连拿东西给人，或将东西放下，每个行为举止都充满真诚的感觉。

　　当然这和成长的环境等因素也有关，可以做到这种程度，也证明肝脏非常有活力。

"为什么肝脏有活力,行为举止就会优美?"

或许大家会有这个疑问。

传统医学的五行学说认为肝脏与肌肉有很深的关系,因为优美的举止来自柔软又强有力的肌肉,而肌肉的柔软又来自肝脏。

肝脏是负责排毒与代谢的器官,只要肝脏有足够的活力,就会对进入体内的物质一一分析、进而了解,因为就算要排毒,也必须先判断清楚该物质是否会毒害身体,可见肝脏是一个具有"理解能力"的器官。

肝脏健康的人,往往都是擅长"了解状况"的人。

肝脏在面对"生气"这种压力时会变弱,是因为"生气"这种情绪会阻碍肝脏的"理解能力",所以生气时才会变得不容易看清对方,这也是肝脏最怕遇到的状态。

当这种状态持续下去时,行为举止就会变得粗暴,甚至每一个动作都伴随有"放弃"的心理。

反过来说，行为举止毫无勉强的人，表示肝脏的理解能力运作得很顺畅，这样的人很讨厌采取无意义的动作，尽管当事人平常并没有意识到这一点，但既然能展现优美的行为举止，就表示平常在面对任何事物时，都拥有自己确定的方针，并一点一滴累积而来。

要促使肝脏恢复健康，就应满怀真心地重新检视平常每一个不经意的动作。

例如，拿筷子的动作到底具有什么意义？

你会觉得当然是为了吃饭。其实不单单如此，如果只是吃饭，直接用手抓反而比较快吧。

据说拿筷子的意义在于"衡量一口的分量"，尤其是吃日本料理时，为充分品尝食材本身的美味，每一口要夹多少量，是很重要的一环。

只要意识到每次只夹一口的量，自然就会表现在用筷子的行为上。

这就是理解行为的目的后，满怀真心表现出来的结果。

能做到这一点的人，自然不太会被生气与心烦气躁等情绪牵着鼻子走。只要懂得重新调整自己的行为举止，就能消除生气与心烦气躁等情绪。

只要真正实践"从身体来改变心理"，届时就能学会"前言"中所提的"生气——立刻抛诸脑后"。

Column ❶

脏器时间

在此探讨下一天的脏器时间。身体每两个小时,由不同的器官和组织轮流当主角。

早上	5—7 点	大肠
	7—9 点	胃
	9—11 点	胰脏(脾脏)
中午	11—13 点	心脏
	13—15 点	小肠
	15—17 点	膀胱
黄昏	17—19 点	肾脏
晚上	19—21 点	心包
	21—23 点	三焦
深夜	23—1 点	胆囊
	1—3 点	肝脏
黎明	3—5 点	肺

第1章 调整生气、心烦气躁的情绪

只要记住早上是消化系统当主角、中午前后是心脏当主角，应用起来就会很方便。

例如："啊，现在这个时段还可以稍微勉强一下"，或"现在还是先别做了"等，会很容易判断该如何使用身体。

举例来说，在意黑斑问题的人，要在夜里 12 点之前睡觉。

因为黑斑与肝脏的疲劳有很深的关系，只要知道肝脏活跃的时间是在深夜 1 点到 3 点这段时间，就知道不该在这个时段里让肝脏操劳，要尽量让肝脏休息。

只要掌握一天里各器官的运作节奏，就能明白当天应该朝哪个方向来调整自己的心理。

例如有浮肿问题的人，通常到了黄昏时，会不自觉地不安起来。

这是因为黄昏属于肾脏的时间，而肾脏较弱的人，容易感受到恐惧与不安等情绪。传统医学所说的"肾"属于内分泌系统，而激素的均衡问题也属于这个范围，所以生育后的女性也有可能出现这方面的症状。

这样的人在黄昏 5 点钟过后，应尽量别让自己手忙脚乱，要设法让自己过得悠闲一些。

一定要掌握脏器工作的时间，好好利用身体的节奏。

第 2 章

调整犹豫、不安的情绪

相关的主要器官

胃

胃是第一个让食物滞留的地方，会分泌胃液将食物杀菌，并消化及分解食物到极细状态。胃液是 pH 值在 1—2 的强酸，因此拥有强大的杀菌力，但如果分泌过多，就有可能侵蚀胃的黏膜，而能有效预防这种情形的是胃的黏液系统。每次饮食时，黏膜都会为保护胃而再生，但胃非常害怕压力，甚至有可能一夜就造成溃疡情形，是一个必须小心呵护的器官。

● 多思易伤脾胃

担心、在意、烦恼、犹豫、信以为真、想太多……传统医学将这些情绪统称为"思"。

"思"就是"因已发生的事而陷入思考旋涡,迟迟无法跳脱的状态"。

以研究大脑的领域来说,据说这种现象是电流变得容易通过脑的"血清素传递系统"所致。

例如刚开始下雨时,只要窗户上有水珠滴落,之后的水珠就会沿着相同的路径往下滴落,脑的回路就像此时的水珠,只要强烈的电流信号通过一次,之后的电流信号就能轻易通过该回路,而只要电流信号不断反复经过这个回路,之后就很难脱离这个回路。

那个人是这么做的，有人是这么说的。

我锁上大门了吗？我关掉煤气了吗？

思路不断反复围绕在这些事情上，背后就是因为存在传统医学所说的"思"。

多思则气结，想太多会让情绪抑郁、提不起劲儿，一旦这种情形恶化，就会伤到脾脏和胃、胰脏等消化系统器官。

肠胃、脾脏、胰脏虚弱时会出现的自觉症状	
咬到嘴巴	唾液多
恶心、呕吐	蛀牙、牙痛
口腔炎	血尿、血便
腹泻（水样性）	经血量多
打嗝	子宫下垂
侧腹痛	月经过频
白带异常	手指湿疹
容易瘀青	带状疱疹
经痛	痔（出血性）
胃胀、胃痛	患荨麻疹
吃太多（消化不良）	长痘痘（从脸下行到胸部）
手臂无力（手肘以上部分）	

一旦陷入某个思考旋涡时，要自己"不去想这些事"是不可能的，不仅如此，通常是越不想去想，反而越容易想。

这种时候，一定要设法切换思考路线，也就是刻意改变脑里的回路。

例如：听音乐，这个回路与担心的回路正好相反；闻香气，同样能诱导脑切换成与担心不同的回路。

脑回路其实拥有无尽的通路，要有勇气跳脱平时常用的回路，改绕到别的回路去，才能有效阻止"担心、不安的增幅回路"。所以在日常生活里就要试着改变，如变换以前每天上班或上学时固定走的路线等。

爱操心的人最常说的口头禅有"怎么办""可是……""只是……""我只不过是……而已"。

当这种口头禅变成习惯，万一遇到必须做出决断的时候，也会思考良久，迟迟无法做出结论，最后的结果就是错失良机。

如果发现自己被"思"绑住，一定要多注意自己的说话方式，必要时得做出改变。

例如，改说"选项一直是无限的"。

如果忍不住又担心了起来，就慢慢将脖子往左右各转动90°，同时夸张地对自己说："我的视野是如此宽广呢。"

皮肤粗糙，是在告知"现在就是大好时机！"

许多人都有痘痘、粉刺、干燥等皮肤问题。

有些人甚至会得湿疹、异位性皮炎，大大影响日常生活，即使只是皮肤有点发红或长小痘痘，也千万不能忽视。

顺着容易受伤的皮肤深层心理追踪下去，会发现这不只是皮肤表面的问题，还与内脏器官有很深的关系。

我咨询过许多患有严重皮肤粗糙或异位性皮炎的患者，发现他们的共同点是胃的运作能力都比较差。

以异位性皮炎来说，由于种类较多，或许无法一言以蔽之，但至少都有吃东西速度很快、吃得很多的特征。

为什么这种倾向会影响皮肤？在此一起来探讨。

胃会分泌名为胃酸的消化液，而胃酸的分泌"时机"非常重要。

通常只要吃下了东西，胃就会分泌胃酸，但有时即使没有吃东西，也会因为压力大或想太多促使胃分泌胃酸。相反，有时明明食物已经进到胃里，胃却没有分泌足够的胃酸。

独自一人边想心事边用餐，或因为赶时间而狼吞虎咽时，最容易让胃错失分泌胃酸的时机。

既然称为胃酸，表示这种胃液是一种酸，所以进入肠内时当然是酸性。为中和这个酸性，在胃下面分泌的胰液和胆汁等其他消化液，都属于碱性。

肠内的pH值一般约为7，是非常适中的酸碱值，但只要胃酸分泌过多，肠内就容易偏向酸性。

肠壁如果被胃酸侵蚀，就会很容易受伤，也会造成栖息在肠内的无数细菌失衡，因此引发胀气的情形。

如果这种情形一直持续，身体就会受到很大的困扰，因此会通过肠胃四周的淋巴管，设法将多余的氧化物排到身体末梢去。简单来说，囤积在肠内的氧化物会被送进淋巴，再从身体末梢排出体外。

这些淋巴的排出口就是皮肤。

皮肤里有一层被称为真皮的组织，上面布满网状的细微淋巴管，当多余的氧化物被大量送到这里来时，很容易伤到皮肤。

相反，当胃酸无法顺利分泌时，就会因为胰液和胆汁过多，使得肠内偏向碱性，而身体同样不喜欢长期处在这种状态里，因此会采取相同的手段，设法从末梢的淋巴将多余碱性物排出去。说白了，最重要的还是平衡。

要让胃分泌恰到好处的胃酸，最有效的方法就是饮食时一定要咀嚼充分。听起来或许平淡无奇，但最好的食物摄取方式，就是能充分分泌唾液来进食。

消化道起自口腔，只要口腔能分泌足够的唾液，胃和肠就会立刻得知"哦，食物就要进来了"，开始为此做准备，也有人只是改善这一点，就大大改善了异位性皮炎的症状。如果用餐时不断想着心事，唾液的分泌就会变差，使得胃和肠无法事先做好准备。无法消除身体紧张的饮食摄取方式，会连带影响消化液的分泌方式。

不妨想象一下，干巴巴的食物经过消化道时的样子，一定很不舒服吧？这种食物当然也会损伤肠道，因此身体为处理这种紧急状况，会设法将食物排到淋巴去。但只要这种情形不断反复出现，真皮的淋巴就会一直处在被污染的状态里，造成皮肤也跟着变脆弱。

胃酸的分泌方式很重要。

需要分泌的时候一定要分泌，不应分泌的时候一定要控制住。

这种分泌时机的拿捏，与心理运作有很深的关系。

皮肤粗糙的人，包含行动在内，日常生活一定要多注意发表言论与采取行动的时机。

肠胃对节奏和时机都很敏感，如果经常后悔或不断懊恼已发生的事，肠胃就会产生反应，分泌出过多的消化液。

◇吃东西时要慢慢咀嚼以充分分泌唾液。

◇吃东西时要极力避免因后悔或懊恼而一直想着心事。

平时，要极力呵护自己的肠胃与皮肤，千万别被"思"绑住而错过大好时机。

上臂肌肉松弛是犹豫不决的结果

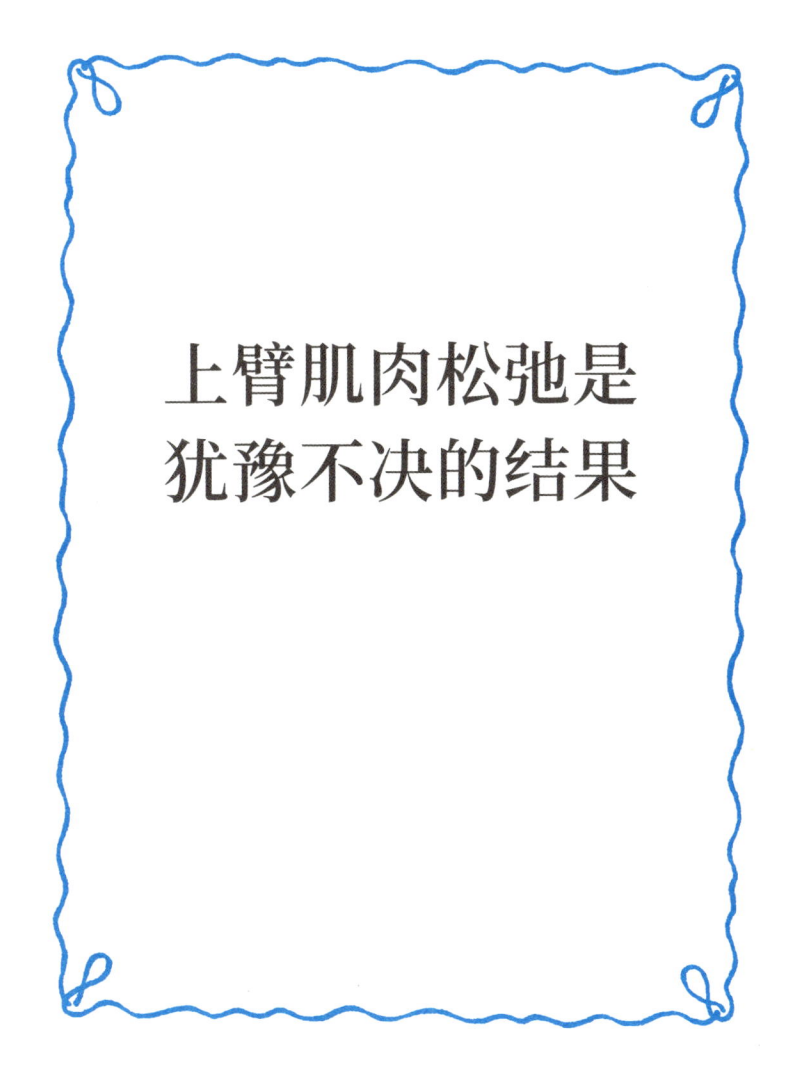

如果在意自己的上臂肌肉有些松弛，不妨摸摸手臂内侧。

是不是觉得有些凉？

上臂具有冷却的作用。你问要冷却什么，当然是冷却囤积在脖子和肩膀上的热能。当脖子与肩膀囤积过多热能时，上臂的温度就会下降，而如果下降过多，就会使代谢功能变差，导致脂肪更容易囤积在上臂。

如果想锻炼上臂肌肉，就先弯曲手肘再往前伸直，并在伸直上臂时，设法施加压力，让手臂内侧的肌肉有发力的感觉。

此时的锻炼重点在于伸直手肘时，使从肩膀到手指都能呈一条直线。

同时，要想象脖子、肩膀、手臂、手指已经成为一体。

传统医学认为从脖子到整个头部的"气的流动"，会经过手臂从手指出来。

因为在体内由下往上流动的"气"，经过头部后会为了寻找出口，从手臂流往手指。

这种"气"的流动方式也象征着"思考过的事要付诸实践"。

就这个层面来说,手指代表了一个人的才华出口,毕竟人类就是因为有手可以利用,才发展出文明,更发明了各种工具。

总之,一定要牢牢记住,脖子、肩膀、手臂、手指上有一连串"气的流动"。

只要这里有阻塞,造成"气"的逆流,"气"就会反过来从手指流向脖子,而这种逆流的"气",会在脖子和肩膀等处停滞不前,让此处产生热能。

这些热能会冷却上臂。

由此可见,上臂与肩膀、脖子有着密不可分的关系,如果想让上臂肌肉变结实,就一定要用意念调整这股"气"的流动方式,再进行肌肉训练才会有效。

如果无法到健身中心等处去做训练,就养成伸直手臂的习惯,光是这样就能有很大的改善。

模仿"向前看齐"的姿势,伸直手臂到手指。

然后保持伸直的状态,慢慢在肌肉上施力。

此时要一边想象"气"正从肩膀流向手指。

从肩膀到手指呈一条直线，代表了坚定不移的心理。

不习惯如此伸直手臂的人，刚开始或许手肘会有疼痛感，这是因为手肘具有"转换方向"的重大意义，如果以"气"的流动方式来说，就是不断在改变原本思考的事，认为"还是换个不同的方向好了"。

反过来说，上臂肌肉松弛表示不够坚定，象征"怎么办？还是放弃算了"的心理。

只要是人，就难免会有犹豫和不安的情绪，所以当然可以不断地转换方向，但有时也要坚定不移地认定"我就是要这么做"，才能消除上臂肌肉松弛的情形。

第 2 章　调整犹豫、不安的情绪

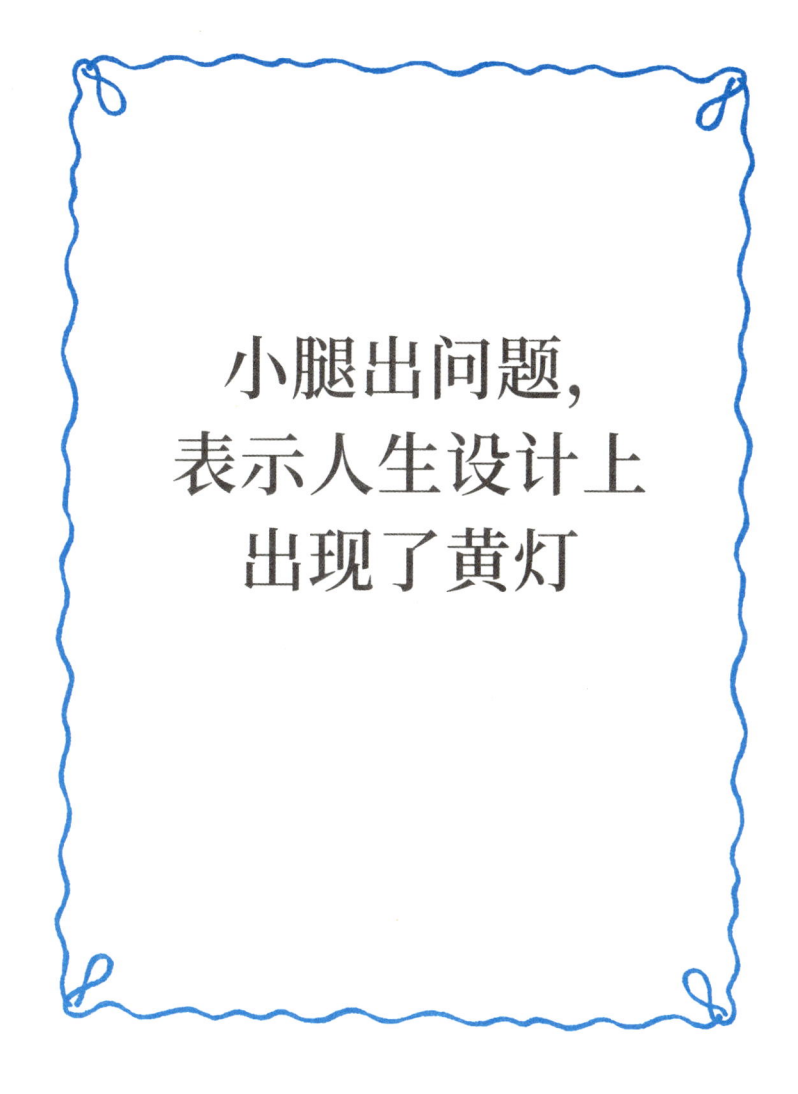

小腿出问题，表示人生设计上出现了黄灯

一位患者曾向我咨询有关人生规划的问题，后来这位患者告诉我"现在处理小腿上过多的体毛变得很轻松了"，我忍不住回应了一句"哦"。

体毛显示的是雄性激素与雌性激素的均衡状态。

这位患者当时正犹豫着要不要嫁给某位男士，因为对方是个没有经济实力的人，让她感到不安。

后来她决定和他分手。就这个例子来看，显然对她来说，这种没有妥善财务规划的不稳定人生，让她无法往前踏出一步。

最容易在财务规划上表现出问题的部位是小腿。

小腿或许是我们日常不太会意识到的部位。

小腿肌肉里有胫前肌，这块肌肉还连接着脚踝，"气"会从这里往上流动到膀胱、尿道、生殖器。

听到小腿与生殖器有连接关系时，或许有人会觉得很突兀，但从我的咨询经验来说，小腿显示的是与性有关的问题，具体来说是雄性激素与雌性激素分泌的比例容易失衡。

除了有多毛问题的人，还有小腿经常磕碰的人，或容易瘀青的人，也往往存在雄性激素与雌性激素失衡问题，或男女关系的问题。

常常不知不觉会有瘀青情形的人，或许拥有在潜意识里想确认自己的计划，或相反想毁掉自己计划的心理。

脚是支撑身体的重要部位，也是象征身体、经济稳定性、可信赖男女关系（伴侣关系）的部位，尤其是呈现笔直状态的"小腿"，象征的更是包含这些要素在内的整个人生"计划性"。

不妨试验看看。坐下来将脚往前伸，然后将脚跟贴在地板上，再用力将脚踝往上拉。

这时会发现小腿上的肌肉非常用力。

此时在变硬的小腿肌肉上，上下按摩看看。

如果感到"虽痛倒也舒服"，就表示平常的计划性可能出问题了。

作为自己的人生课题，要想"拥有计划性"，就应努力持续按摩小腿，同时要在心里默念"请让我的人生照计划顺利发展"！

　　身体会因为心理的存在方式而变化，越是平常不太注意的事，越要用心去强化，如此一来，身体也会感到开心。

　　尤其是容易得膀胱炎的人，或容易经期不顺的女性，一定要好好按摩小腿。

潜藏在严重 PMS 里的内在小孩

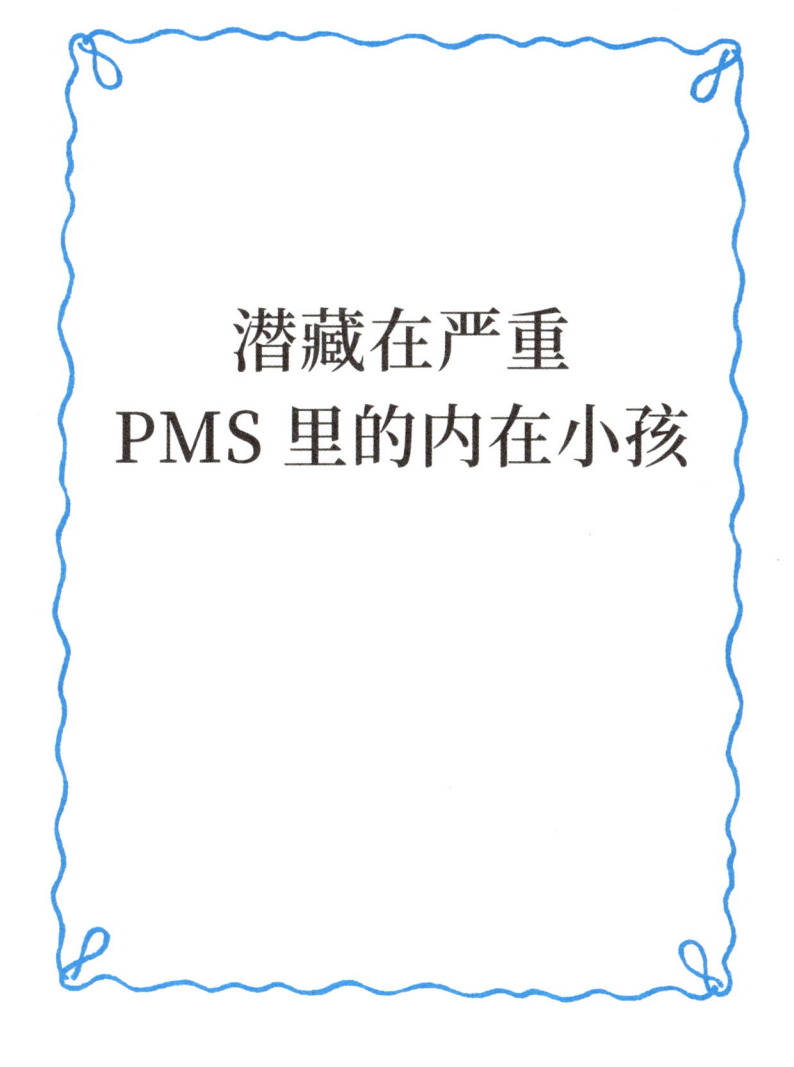

在此探讨一下孩童时期的情绪。

"内在小孩"以心理学观点来说明，是指"潜藏在内心深处，因幼儿期的不幸体验而受伤，且被压抑下来的真正的自己"。

简单来说，就是潜藏在你内心深处的孩童时期的记忆及情绪，尤其是被父母拒绝，或感到孤独等负面情绪遭到压抑，如今深深影响已经长大成人的你。

我是不是被人讨厌？是不是没有人接受我？这种毫无根据的不安情绪，都与"内在小孩"有很深的关系。

究竟"内在小孩"与身体有什么关系？

依循身体症状探究后的结果，发现"内在小孩"似乎就潜藏在髋关节里。

"气"流经传统医学所说的"脾经"时，会经过髋关节。"脾经"是负责调节所有消化功能与血液量的一连串的"气"，而容易影响"脾经"的情绪是"不安"与"犹豫"。

由于"脾经"负责调节血液量，因此"脾经"较弱的人，往往会有经血过多或贫血等症状。就我接到这类患者咨询的经验来说，许多人都有髋关节错位或天生髋关节半脱位的情形。

髋关节错位会让"脾经"里的"气流"变差，导致无法顺利控制血液量，呈现的问题就是出现血液增减的症状。

如果要治疗髋关节的错位，除了找专门的正骨师帮忙，就咨询角度来说，更该找出为什么会错位、为什么会无法恢复原状的症结所在。

以髋关节代表的情绪来进行想象作业时，会出现"内在小孩"。

曾有一名女性患者，给我留下了非常深刻的印象。

在此稍微谈谈她的想象作业过程。

当时播放了某个时代里，纷争不断的中东的影片。影片里的她是当时才三四岁的小女孩。在被轰炸过的某个村庄里，只有她一人幸存下来。

轰炸时母亲为了保护她，将她紧紧抱在怀里，结果母亲被炸死，她因为被母亲紧抱在怀里，所以侥幸逃过一劫。但在轰炸结束后，当敌军进驻该村庄时，敌军侦察队员很快就发现了她。不可思议的是，这名侦察员竟和她长得一模一样。

原来她在追赶她自己，而她躲藏的地方，就是摆出抱着她的姿势死去的母亲怀里……

这是叫人垂泪的悲伤场景，所以当时正在进行想象作业的她，忍不住落下大滴泪水。这个影像到底要传递什么信息……

看来在她内心深处，其实早就察觉到了，所以在那之后，她的髋关节错位问题就改善了许多，原本让她很痛苦的 PMS（经前期综合征）和痛经也消失了。

从心理学角度来分析，应该是她对母亲持有罪恶感的缘故，尽管年幼的她看似躲了起来，其实她也紧紧抱住了死去的母亲，而发现这一幕的侦察员也是她，这都是发现心理问题的关键所在。

髋关节是用来支撑子宫的重要骨头。

"内在小孩"潜藏在这里，是很有象征意义的。

男性当然也有"内在小孩"，而且越是在被要求"要坚强"的情况下长大的男性，越不想承认"内在小孩"的存在，会在潜意识里将这种存在封藏起来，因此往往比女性更压抑。

　　请将双手分别贴在腰两边，然后摸摸看比较突出的骨头。那就是累积了你孩童时期情绪的地方。

　　当然没有必要去追究到底累积了什么样的情绪，但至少一定要明白那里累积着需要你抚慰的情绪。

● 要调整犹豫、不安的情绪，必须集中在"此时、此处"

肠胃健康的人，最大的特征就是嘴唇充满光泽，嘴角往上扬，整张嘴非常性感。

而且牙齿很整齐，皮肤光滑，给人一种水嫩的感觉。如果是女性，还会有丰满的胸部及弹性的臀部，整个身体给人一种充满母性的感觉，当然不会有女性常见的便秘或痔疮问题。

只要从口腔到肛门的整个消化道都没有任何负担，在旁人看来就非常健康，也很值得信赖。

这样的人平常都很沉稳，会散发出温和的气息，该做的事会处理得很利落，遇到紧要关头更是值得信任，而且很清楚做事的轻重缓急。

不过应该很少有人敢充满自信地说"我的肠胃很健康",因为现代人的生活方式太容易伤害肠胃了。

用完餐后,所吃的食物会在胃里停留 30—40 分钟,而因为消化活动会消耗大量能量,所以饭后血液会集中到胃和肠里。

"为什么吃完午餐后都很想睡觉?"这个问题的答案,其实就隐藏在这里。因为在进行消化活动时,血液会优先集中到肠胃里,而不是集中到头部。

如果长期采取吃完饭后立刻运动身体,或让头脑运作起来的生活方式,就会迫使血液被优先用到肌肉或脑里,导致肠胃里的血液量不足。

当肠胃里的血液量不足时,胃的黏膜就会变薄,最后变得只要承受到一点点刺激或压力,就会无力抵抗。

不仅如此,胃也是最容易受情绪影响的内脏器官。

例如生气或心烦气躁时,血液里的血糖会增加,胃也会因此不断分泌出胃酸。而担心与犹豫等情绪会让胃贫血,迫使胃停止分泌胃酸。情绪不安时,胃里的食物会迟迟无法往肠子里移动；相反，情绪激动时，移动速度就会变快，造成食物还没被胃液充分消化就往肠子移动，结果导致消化不良。

甚至有人会在短短一个晚上就得了胃溃疡，可见胃是非常脆弱的器官，尤其是胃酸的分泌方式，更能体现情绪的呈现状态。

换句话说，只要胃够健康、够强壮，就表示情绪也很稳定，不会随时起伏。

古代日文显示"胃"是"祈祷""生命""活着"的起始。

而表示"生命"的日文，添一个部首就成了"此时"，这个小小的部首本身也有"意"的意思，是用来表达意识的字眼。同时，象征了想象力和意识的方向性，用来表达意识可集中在"此时、此处"。

和胃有关的疾病，主要在提醒我们应该停留在"此时、此处"，设法让意识集中，好让想象得以成熟。

现代人的生活方式，总是只将意识专注在明天与昨天，完全忘了自己其实正活在此时、此处，明明这一刻正在此处用餐，满脑子想的却是接下来要做的事，根本无法在放松的状态下好好吃一顿饭。

如果持续有胃痛、消化不良的情形,那一定要彻底聆听身体的声音,好好关照一下"此时、此处"的自己。

只要一直想着心事,就会不自觉地过度操劳身体,所以务必在操劳的同时,也要懂得让身体适度休息,才能学会自我管理。

胃想告诉我们的,就是要有懂得感受"此时、此处"的能力。

Column ❷

胸与臀的阴阳平衡

古老的中国文化将包罗万象的宇宙天地的一切，分为阴与阳两种性质，如月为阴、日为阳，偶数为阴、奇数为阳。

阴的性质具有柔软、膨胀的倾向，活动也比较安静且缓慢，所以黑暗与寒冷都属于阴。

阳的性质则具有坚硬、收缩的倾向，活动也比较活泼且敏捷，所以明亮与温暖都属于阳。

以这种阴阳论来看身体时，背部属于"阳"、腹部属于"阴"。

或许有人觉得身体正面比较像"阳"，但人类在进化到以双脚步行之前，原本是以四肢爬行，只要看看正在爬的婴儿就会明白，向着太阳的是背部，所以背部理所当然属于"阳"，而朝向地面的腹部当然属于"阴"。

将这种阴阳学说套用在身体上，会发现身体正面的乳房与身体背面的臀部，正好取得阴阳两极的平衡。

虽然不能以一概全，但如果大致用阴阳平衡来看女性的身体，那么胸部大的人属于阴、臀部大的人属于阳。

简单来说，臀部比较大的人，感觉会比较开朗。而胸部丰满的人，基本上比较深思熟虑、态度慎重。

精神属阴，身体属阳，所以胸部较大的阴属性的人，通常充满神秘气息，而臀部较大的阳属性的人，则多为开放的人（此处说法属作者论点）。

只要能明白这个道理，即使臀部比他人大了一点，原本在意的心态也会因此改观吧。

当然这种分类法不见得适用所有人。

那么更要好好调整属于自己的阴阳平衡。

第 3 章

调整悲伤、寂寞的情绪

相关的主要器官

肺

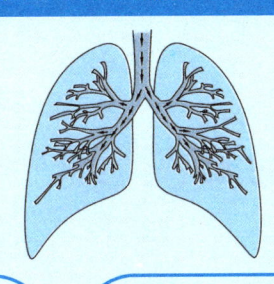

　　肺会通过呼吸吸取氧气，然后吐出二氧化碳。而空气进入人体的通道是从鼻子、气管、支气管一直到肺，气道则通过肺泡连接着血管，会在心脏送来血液时，负责交换血液里的二氧化碳与氧气。之后随着红细胞被送到全身各处的氧气，会成为细胞里制造能量的来源。由此可见，肺是负责交换外部与内部信息的内脏器官。

● 悲伤易伤肺

悲伤的悲字,具有"心非在此"的意思。

失去所爱的人、珍爱的宠物、珍爱的物品时,都会像没有了心一般难过。

或是失恋、失望、过往的失败经验。

这种失去、被夺走、被撕裂的感觉,是非常痛苦的事。

也难怪在这种时候人会心理失常(心非在此)。陷入悲伤的时候,只能花时间慢慢回到原本的正常心理。

但有些人无法办到,只能将过去拂不掉的悲伤情绪压抑在内心深处,这样的人会在身体上呈现各种症状。

传统医学认为悲伤会造成"气虚",让人失去活下去的气力，而只要这种情形严重，养分就无法被充分送到所有器官里去。从传统医学的观点来看，"悲伤"是很危险的情绪，因为会失去"气"，所以当然缺乏维持身体所需的能量，一旦这种情形持续下去，肺和呼吸系统等维持生命的基本功能就会出现明显症状。

肺虚弱时会出现的自觉症状	
鼻塞、副鼻窦炎（鼻蓄脓）	长痘痘（从胸部上行到脸）
鼻水（像清水）	花粉症
叹气	皮肤发炎
手脚冰冷（来自肺）	便秘（羊便、腹痛但不膨胀）
流汗（夜间盗汗）	腹泻（频繁出现疼痛感与灼热感）
喉咙痛	气喘（来自肺）
咳嗽	无法大声说话
不易出声、声音沙哑	右肩痛
感冒	腱鞘炎（指头、手腕）
畏寒、发冷	
容易疲劳	

当悲伤造成无法顺畅呼吸时，我们很容易发出"唉……"

的叹气声，甚至会忍不住脱口说出"像我这种人……"。

呼吸不顺畅时，很难维持每天的生活节奏，而这也是过去的悲伤体验造成"期待"与"失望"之间失调引起的结果。由于过度期待对方，认为"这次一定没问题……"，所以一旦发现"结果还是不行……"时，就会过度失望，并会陷入恶性循环。

期望的事落空，失望越来越强，最后变得无法坦率接受他人的亲切对待。

这样的人，背后上半部的肌肉都很紧绷，也容易因对方的小小言论而受伤，甚至容易迷失自己。

喉咙痛迟迟不消、无法顺利说话、咳嗽不停，所以觉得与人沟通很麻烦，而且因为失去气力的关系，与对方之间的临界点越来越不清晰，甚至失去名为自我的界限……要转变这种情形，一定要先停下脚步，好好地彻底流一次眼泪看看。

笑可以让具有免疫力的 NK 细胞[①]活跃，已是众所周知的事，悲伤则会降低 NK 细胞的活力。但其实只要 NK 细胞的活动力彻底降到最低，就会在反方向上开始提升活力，所以才说应该让自己彻底感受一下悲伤的情绪。

---

① NK 细胞又称"自然杀手细胞"，是存在血液中的一种淋巴球，可吞噬、消化肿瘤细胞，是人类天生具有的免疫力细胞。

忍住想哭的情绪，很容易感冒

是否容易感冒，和身体某些部位有关。

包含脖子、手腕、脚踝。

因为这些都是"最早出现感冒症状的地方"。

只要脖子感到冷，就会让人打哆嗦。

后颈、手腕、脚踝如果囤积过多水分，只要接触到外面的冷空气，就会马上感到寒冷，也会因此被夺去体温。

传统医学认为只要手腕或背骨关节囤积多余的水分，就有可能引发各种疾病。

如果从身体与心理的相关性来说，这种多余水分造成的"湿气"，往往来自想哭的情绪。

每个人都有想哭的情绪，只是在长大成人后，会碍于颜面无法在人前哭泣。尤其是男性，因为从小被灌输"男儿有泪不轻弹"的观念，所以始终在压抑自己。

至于女性的眼泪则更复杂，虽然不像男性一样被压抑不轻易哭泣，但社会充满了女性也应和男性一样坚强的氛围，尤其是好胜、独立心越强的女性，越会为了适应这股氛围而努力。

但话说回来，如果我们"忍住不哭"，这股情绪能量会到哪里去呢？

其实当我们将想哭的情绪压制起来时，体内的内脏器官会被迫承受这股能量压力，简单来说，想哭时的情绪能量会被分摊到肺、心脏、肾脏。

以肾脏来说，承受这股能量压力时，会设法从脚底释放出去。

这是因为脚底存在与肾脏有关的重要穴道，所以只要忍住想哭的情绪，这股能量就会为了从脚底释放出去而聚集在脚踝上，让脚踝变冷。平常容易莫名其妙摔倒的人，或脚踝常常扭到的人，都应特别注意。

无论决心有多强，打定主意"我绝对不哭"，但实际上任何人都会有想哭的时候，只是当中还是有不少人会认为，尽管如此我也绝不让别人看到我哭。

这样的人不妨找个没人的地方，好好地哭一场吧。

例如，一个人关在房里静静地看一部催泪的电影。当然此时也可以手持一杯葡萄酒，边温热身体边观看，别忘了准备毛毯等物，好好地温热自己的脚踝。

只要刻意为自己制造哭泣时间，并养成习惯，就能解除身体的"湿气"。

只要"湿气"囤积在脚踝或手腕上，就很容易诱发感冒，简单来说，这是身体在替想哭的情绪代言的结果。是要感冒还是要积极抒发想哭的情绪，最终只能选一样。

脚踝还具有"改变前进方向"的意义，所以平常不妨多转动脚踝，保持脚踝的柔软度，以备不时之需。

如果觉得脚踝有点僵硬，就聚焦囤积在脚踝里的"想哭的情绪"，并好好按摩来温热脚踝。

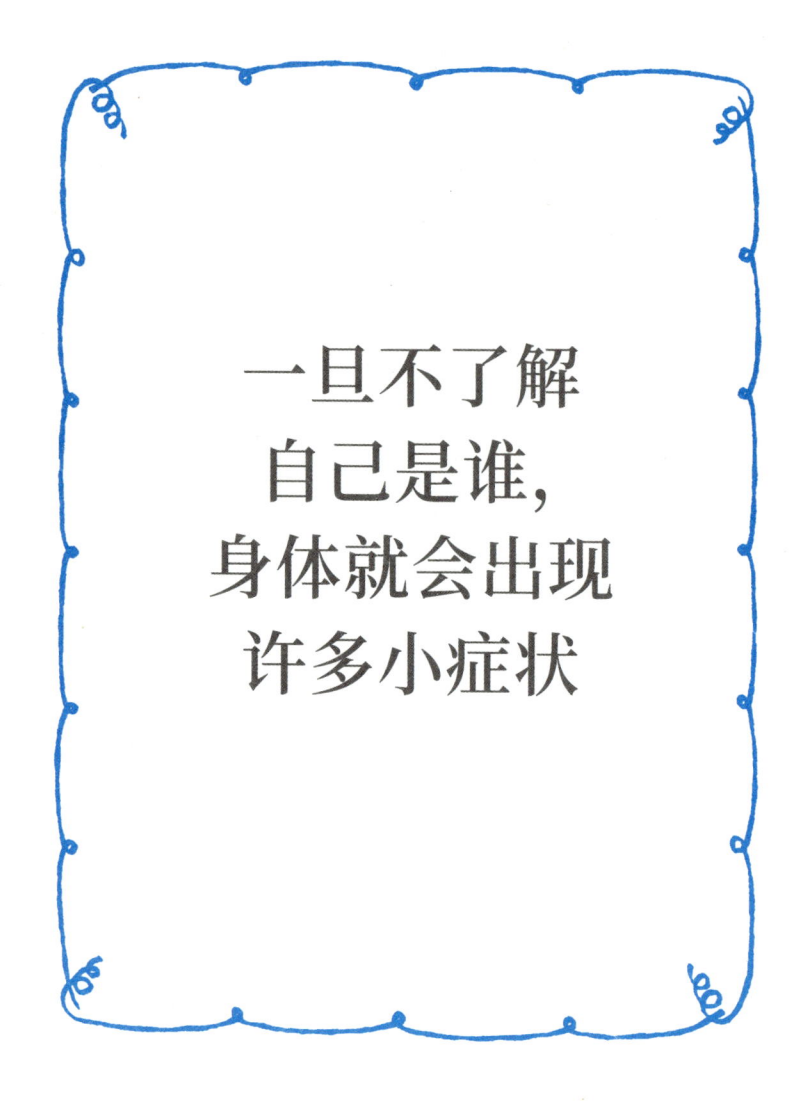

一旦不了解
自己是谁,
身体就会出现
许多小症状

如果能清楚说出让自己困扰的症状，事情或许还容易解决，最怕的是同时出现许多小症状。

例如，脖子僵硬、肩膀僵硬、手脚冰冷、眼睛疲劳……甚至关节痛、慢性副鼻窦炎等，一旦有这些症状，往往会影响日常生活，令人很不舒服。

这些症状最常出现在日常生活中，不论工作还是家庭都很认真面对的人身上，尤其是与亲戚之间的来往、与同事之间的人际关系、与邻居之间的交流，几乎面面俱到地认真处理这些往来关系的人身上。

简单来说，当心理被这些时间与人际关系束缚时，停滞不前的能量就会表现在身体上，并以各种症状显现出来。

要改变这种情形，最好的方式就是改变"场所"。

例如，外出旅行，到南方小岛等地方小住，到和日常完全不同的环境里生活看看，就会发现平常扰人的小症状突然消失不见，身体也不可思议地轻盈起来。

只要远离日常生活面对的所有要素，将心理解放，身体自然会回想起原本就拥有的自愈能力。

人们活在这个社会上应采取的态度与扮演的角色，称为"人格面具"，每个人都戴着这种"人格面具"在生活，既是某人的父母，也是他人的小孩，甚至在工作上也有必须扮演的角色。就这层意义来说，与其说人格面具是"面具"，不如说是"扮演的角色"。

既然拥有这么多的"人格面具"，一旦自己内心无法全部适应，就容易失去平衡。

尤其是越注重外在要素，面具就会变得越重，最后只好通过身体发出警示。

这时候有必要赶快回想看看，到底是被哪个角色负累，并试着从名为"日常生活"的舞台下来，抛开所有时间与人际关系，届时就会发现"我应该为自己存在"。

我们总是容易"为了某人"而失去心理力量，导致"为自己"而活的必要能量越来越枯竭，一旦为自己而活的必要能量无法充分运送到身体各处，就会出现各种令人烦恼的小症状。

请务必在心理深处,拥有"我才是自己人生的主角"的意识。

身体上的症状,是帮助我们回想起"不为任何人,我应该为自己而存在"的信号。

恶心所告知的深沉悲痛

我有一名患者，每周会在固定的日子里出现恶心的症状，让他深感痛苦。

而且这固定的日子并非上班日，而是休息日，让他不舒服到躺着一动也不动，最后甚至真的吐出来。

这是自律神经失调的症状。

自律神经系统是凭借交感神经与副交感神经相互平衡而正常运作的，交感神经是让身体紧张的神经，副交感神经则是让身体放松的神经。

负责让血管收缩的是交感神经，让血管扩张的是副交感神经，只要这个平衡关系在一天里能顺利交互发挥作用，那么让身体紧闭起来而囤积的物质与让身体开放而释出的物质之间，就能取得平衡，维持良好的均衡关系。

偏偏现代人的生活，常常被迫处于"交感神经居于优势"的状态里，导致应排出体外的物质不能排出，让体内囤积了过多压力与毒物，因此无法舒畅，甚至持续陷入无法消除疲劳的状态里。

一到假日就会呕吐的人，表示平常身体处于过度紧张的状态里。一到假日，为了释放出囤积过多的能量，就不得不采取"呕吐"的非常手段，目的是舒缓身体，让过去一周里处于不均衡状态的交感神经与副交感神经再度恢复均衡状态。

由此可见，"自律神经失调症"并非自律神经本身失去平衡的结果，而是身体想强行恢复交感神经与副交感神经失去的平衡状态，是一种"副交感神经的强迫性反射结果"。

在此说明这种运作机制。

身体里有淋巴循环，当我们感到紧张时，只要毒素与疲劳物质都还在细胞内，我们就不会觉得疲劳。

但是当我们放松下来的时候，各个细胞就会将这些毒素排到细胞外液里，再由淋巴回收，所以只要全身的淋巴被污染，循环就会变差，疲劳也会在瞬间袭击身体。

这种情形就像运动选手在比赛中即使受伤，也会因为精神紧绷而不感到痛，但只要比赛一结束，就会马上开始痛起来，受伤的地方甚至会肿起来。

当身体处于紧张的状态时，疼痛、发痒、发麻、味觉、触觉、听觉等感觉会变得迟钝，而压力造成身体紧张时，也会出现这种情形，理由就是交感神经占优势，这种生活方式会造成身体对原本感觉的麻痹。

不仅如此，在身体变得麻痹的同时，其实内心也常常因此跟着变得麻痹。

人在面对无法承受的悲伤情绪时，会暂时停止内心的运作，这种情形被称为"冷漠"，常常是因为与亲密的人生离或死别。

由于潜意识会将这种情绪埋在内心深处，往往让人无法察觉到呕吐的原因来自深沉的悲痛，才会误以为"大概是工作太累了吧……"也就迟迟无法改善症状。

以这名患者的情形来说，他会呕吐就是因为"无法用呼吸来吐出情绪"的缘故。

交感神经占优势的身体，会在不知不觉中让呼吸变浅，因为此时吸气占优势，所以每天都应提醒自己，利用呼吸来好好"吐出情绪"。

这样才能达到真正"松一口气"的目的。

● 要调整悲伤、寂寞的情绪，必须增加吐气

肺健康的人，最大特征是皮肤白皙，整体来说也比较苗条，而且头脑聪明，很适合戴眼镜，眼神常送秋波，后颈、脖子、线条清晰的锁骨、肩膀棱线等处都很柔软，非常有魅力。

不过这些都是肺发挥正常运作时才有的结果，只要肺的功能出现异常，就会影响大肠的运作，导致出现便秘与排气等扰人症状，也会让肝脏变得容易累积怒气。

肺是唯一直接接触外气的内脏器官，空气中包含的各种"信息"会通过鼻子进入体内，再进入肺里传送给血液。

第3章 调整悲伤、寂寞的情绪

相反，人体约有 60 兆个细胞，而每个细胞吐出的"信息"，会通过血液被送到肺里，最后通过呼吸还给大气。

换句话说，我们为了活下去进行的呼吸，是在告诉我们"我体内正在发生这种事"，是一种自我表现。

可见地球上的所有生物，都是通过呼吸在潜意识里表现自我，所以大气可算是所有生物彼此互吐信息的"集体潜意识"。

肺是让"我的体内世界是这样"与"外面世界正在这样"的信息互相交换的地方，所以肺越健康的人，信息交换情形越顺利。

此外，空气在进入肺之前，会在支气管里兵分数路，所以肺功能越好的人，分析能力会越强，通常都是头脑灵活的人。

要维持肺的健康，一定要重视呼吸，如果家里环境脏乱，就无法确保良好的呼吸空间，所以一定要整理好信息类（书和文件）的东西，维持呼吸的顺畅。

气功里有一种被称为"呼气六字诀"的方法，其中一个是通过"哈"①的发音方式带给肺更多活力。

发音时不是像在叹气般的"哈！"，也不是像疑问句的"哈？"而是在维持一定的音调下，花15秒钟慢慢发出"哈——"的声音。

一天当中，难免有让人想叹气的时候吧。

这种时候一定要提醒自己，别只是叹气，应尽量发出"哈——"的声音来吐气。

会叹气表示体内已经囤积过多信息，一定要好好利用时机将信息释放出来，等习惯后，再配合"哈——"的发音强有力地进行吐气。

而且不论面对的是好事还是坏事，都应坦率地承认"我体内正处在这种状态里"，诚实地对着大气表现自我。

无法用言语确切说明的难过心情，或无法说出口的悲伤情绪，都能通过"哈——"的声音，一起被吐到大气里。

---

① 气功的六字诀为嘘、呵、呼、呬、吹、嘻，虽无作者所提的"哈"音，但意指可以利用气功吸吐气的方式，自我练习。

Column ❸

要看月亮，就用非惯用眼看

大家听说过童话作家麦克·安迪（Michael Ende）吗？

他是写出《说不完的故事》《默默》等知名儿童文学作品的德国作家。据说他晚年深深地爱上了日本。安迪终其一生提倡的主题，就是培养奇幻的心理。

月亮由氧、硅、铁等物质构成，重力只有地球的 1/6，直径是地球的 1/4，但月亮不该只是这样的东西。

对孩子们来说，月亮上面有兔子，兔子还会在上面捣药，而对日本人来说，或许上面还住了辉夜姬①。

但当孩子们问"月亮上面住有兔子，对吧"时，爸爸在回答"是啊"之前，会因为理性发挥作用，想到月亮上的兔子其实是陨石坑，因此停止想象。

安迪将这种因理性而停止思考（其实是停止想象）的现代

---

① 辉夜姬是日本物语文学作品《竹取物语》中的主角，是住在月宫中的天女。

社会，批评为文明沙漠。

安迪持续对科学思考下的理性主义蔓延并逐渐夺去奇幻想象的世界提出警告，大力主张科学万能主义越泛滥，越应重视培养孩子们的奇幻心理。

我们都有右眼和左眼两只眼睛，我将右眼定位为"太阳之眼"、左眼定位为"月亮之眼"。

在此不妨试着用左眼看月亮（也就是闭上右眼）。

虽然我的惯用眼是右眼，但用左眼来看月亮时，其实更能看得清楚。

多数日本人（约为70%）的惯用眼都是右眼，所以相信多数人应该都和我一样，用左眼看反而能看得更清楚。

用惯用眼与非惯用眼看就是会有这种差异。

很不可思议吧？不过月亮本来就充满不可思议。

让不可思议的东西维持不可思议的样貌，也是培育奇幻心理的诀窍。

或许这同时是坦率进入自己心里的诀窍。

白天的眼睛＝太阳之眼＝理性之眼

晚上的眼睛＝月亮之眼＝奇幻之眼

就是因为能自由穿梭在这两个世界里，人类文明才能变得如此丰富。

第 4 章
调整忧郁、无精打采的情绪

相关的主要器官

心脏

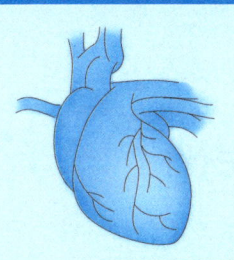

心脏会发挥泵一样的功能，负责将血液送到全身。心脏里有右心房、右心室、左心房、左心室四个腔室，其中右侧的腔室负责将循环全身各处的血液回收后送到肺里，左侧的腔室则负责将吸收了氧气的新鲜血液送到全身各处。

心脏由被称为心肌的肌肉所组成，平均1分钟会跳动60—100次，当心脏的跳动节奏出现紊乱，或无法充分发挥泵的功能将血液送到全身各处时，就会发生大问题。心脏是为了维持生命，奉献出自己一切的内脏器官。

● 忧郁易伤心

当我们感到有些忧郁、无精打采时,我们对开心或喜悦的敏锐度会大大降低。

这种时候我们就会迷失,不知道自己该为什么感到开心或喜悦。

据研究,日文"开心"的字义,来自"背面"一词。

换句话说,开心的本质就是隐藏在内心的想法、不被表现在外的想法。

克服困难而来的成就感、受到他人正面评价时的充实感、与他人互通心意时的安心感……开心的情绪往往包含了在那之前所有的"背面情绪"。

日常如果无法顺利将"背面的情绪"以"开心"的方式表现出来，只是不断隐藏起来的话，一旦身体承受不了而瞬间爆发，就会出现不好的结果。

这么难为情的事说什么也办不到、怎么可能将自己心里深层的一面公开出来……

只要继续养成这种心理习惯，最后真的会越来越不明白什么才能让"自己开心"。

对开心和幸福的敏锐度一旦变得迟钝，就身体层面来说，会影响到心脏。

因为心脏不只是循环系统里的重要器官，也是最容易对快乐情绪产生反应的器官。

血液因故停滞不前而囤积在一处称为"瘀血"，而所谓"气郁血瘀"，此时身体某处也会同时囤积一股停滞不前的"气"，换句话说，"郁"就是对身体发起的罢工行为。

要调整忧郁的情绪，最好的方法就是活动身体。

美国的医学论文就指出,沐浴在朝阳下走路,是治疗抑郁症的有效方法。

此外,恢复心脏原有的节奏,也能有效消除郁闷的心情。

不妨将手轻轻贴在胸前,感受一下自己的心跳,就能发现那里充满你以往各种开心的体验。其实平常就应坦率地将这种"好开心"的心情表现出来,要达到这个目的,一定要在日常生活里养成习惯,慢慢寻找自己的各种"开心"。

能坦率感到开心时,表示你已经很努力地融入社会,更证明你已经有办法接受自己内心里的各种情绪。

心脏虚弱时会出现的自觉症状	
手肘痛	失眠
左肩痛	眩晕（来自心脏）
容易流汗（稍微动一下就流汗）	高烧
口腔炎（来自心脏）	常做梦
夹杂舌炎的疼痛	口干
打呼	倦怠无力
严重健忘	容易受惊吓（来自心脏）
手脚冰冷（来自心脏）	晕车、晕船
心悸	社交恐惧症、预期性焦虑、考试前紧张
心律不齐	手掌发烫
尿液颜色深	下臂痛、发麻
有贫血倾向	

肩膀的使用方法，
能看出
自我评价的高低

除了疾病与受伤等明显的自觉症状外,对于身体的使用习惯,有时隐含潜在的警示。

例如肩膀,就有耸肩、垂肩丧气(垂头丧气)、肩身狭窄等各种和肩膀有关的比喻说法,显示肩膀表现出一个人的"魅力",以及对人生的"胆量"。

在人的上半身,肩膀和锁骨及肩胛骨总是一起联动,形成有如倒三角形的铠甲。

也因为这三个部位联动,所以肩膀的一举一动都会影响整个上半身。

凡事如果能"从左肩"开始活动来展现自己的魅力,就能提升心脏和肺的活力,进而提升运作能力。

在此稍微说明一下。

就身体的反射作用来说,右肩反射的是静脉循环,左肩反射的是动脉循环。

医学上也认为对心脏施加的负担会表现在左肩上,其实,左肩反映的是心脏将动脉血液压出时的力量强弱,而右肩反映的是将静脉血液从肝脏送进心脏时的力量强弱。

换句话说,左右两肩反映的是身体的血液循环。

只要懂得应用这个原理，就能从肩膀的僵硬情形看出身体左右的平衡状态。

虽然会有个体间的差异，但基本上右肩代表的是生气与需求不满足，左肩代表的是缺乏自信与自我评价很低。

对自己没什么自信……有这种情形的人，务必提醒自己多活动左肩。

例如要踏步往前走时、要搭乘地铁时、要把文件资料拿给他人时等，要开始将身体往前移动，刻意从左肩来活动身体。

如此一来，就能将原本缺乏自信、自我评价很低的情形，逐渐转变成你个人的"魅力"。

你看过日本古装剧《远山金先生》吗？

剧中男主角是江户町奉行官远山金志郎，他每次要动手惩罚恶徒时，一定会说："我身上的这个樱吹雪，你有种让它飞溅开来，就试试看！"同时露出肩膀上的刺青，这个樱吹雪刺青就刺在他的右肩上。

由于这是发生在江户时代的事，在用右手拔出左边的刀子时，同时露出右肩上的刺青会比较方便，如果要露出左肩来，恐怕来不及拔刀斩向对方。

简单来说，右肩是在向对方展现攻击性。

相反，左肩是在向对方展现友好。

刻意使用左肩能展现自己与对方的亲和性，也能逐渐养成凡事从左肩开始活动的习惯，最后对自己产生自信，进而缩短与对方的距离。

要让肩膀放松，最有效的方法就是在活动肩膀之前，先按摩手臂。

从手肘到手腕的部分称为下臂，要左右交互按摩此处，等充分按摩完后，再活动肩膀。

首先想象一下锁骨、肩膀、肩胛骨等上半身，有如穿上倒三角形的铠甲一样。

然后将左右两肩极力往前拉，仿佛要让右肩顶点和左肩顶点贴在身体前面一样。

接着反过来将左右两肩极力往后拉，仿佛要让两边肩膀的顶点贴在身体背面一样。

要反复交互进行往前拉与往后拉的动作。在此过程中要持续想象着，有如倒三角形的蝴蝶正挥动柔软翅膀在飞翔一样。

一定要利用柔软的肩膀来表现自由翱翔的羽翼。只要养成这个习惯，就能快速将你的魅力传达给他人，相信届时你的朋友、主管、伴侣就不会再对你说："你应该更有自信才对。"

锻炼锁骨，就是在锻炼"自制力"

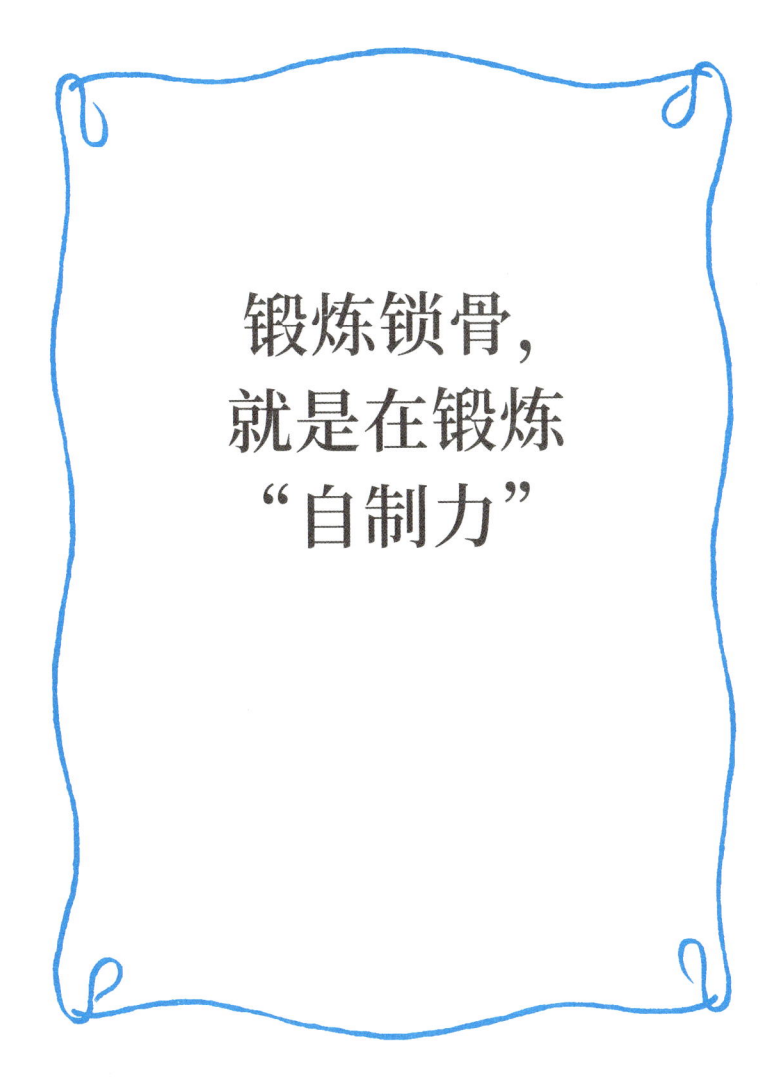

锁骨是很容易骨折的骨头。

虽然锁骨能发挥支撑手臂的功能，但运动时的激烈冲撞、摔倒等情形，都有可能造成骨折，可见锁骨本身的构造很容易受伤。

锁骨能固定住手臂，让原本能自由活动的手臂无法朝某一方向活动……显示锁骨隐藏着"自制力"的心理。

其实锁骨不仅能固定手臂，也能协助左右两手伸向较远的位置，所以锁骨能帮手臂扩展可活动区域。简单来说，锁骨同时具有控制与扩展自由两种能力，堪称理想的"自制力"。

就维持身体健康所做的运动来说，不是只要头脑理解就好，最重要的是要身体实际活动起来，并持续下去。

但人们总是习惯以"没有感觉""算了"为借口来袒护自己，所以会情不自禁多吃甜食，也会忍不住偷懒、不用功。

这种袒护自己的行为是每个人都有的，但只要习惯以"算了"为借口，久而久之身体就会失去紧张感，而最容易显现这种结果的部位就是锁骨。

在此介绍能有效锻炼锁骨的运动方式。

第4章 调整忧郁、无精打采的情绪

利用洗澡等能看见锁骨的时候，站在镜子前。

此时只要缩起脖子，就能清楚看见锁骨，将两肩往前拉，就能更清楚看见锁骨，相反，只要将肩膀往后拉，就会看不见锁骨。

只要反复进行这样的动作就可以了。

这个动作看似很简单，但只要做五六次后，就会开始觉得辛苦。

此时不妨完全放掉力量，让肩膀彻底放松。

等完全放松下来后，再重新缩起脖子，反复将两肩往前后运动五六次。至于呼吸方式，要在肩膀往前拉时吐气、肩膀往后拉时吸气。

此时的重点在于肩膀和手臂必须一起活动。

因为锁骨连接着胸骨与肩胛骨，所以活动锁骨的时候能够运动到肩膀。

这个运动方式很简单，不妨以"本周是锁骨周"的心情，持续进行一段时间，等养成固定习惯，再继续设立下一个目标。这种累积的努力，最终会锻炼出强大的自制力。

从乳房疾病，
看出心理纠葛

好莱坞女星安吉丽娜·朱莉为降低罹患乳腺癌风险，公开表示接受了乳房切除手术，让全世界都震惊，但也因为她的此举，让预防乳腺癌的启蒙运动——粉红丝带运动，开始在全世界推广。

乳房疾病，一般人可能认为这是女性才有的问题，但这种女性特有的症状与疾病，其实是与伴侣共有的问题，所以男性千万别视而不见。

根据某医生的临床研究显示，右乳腺癌患者与左乳腺癌患者的压力性质并不同。

一方面，多数右乳腺癌患者长年都有家庭问题，且往往无法对人启齿，导致患者不是没能察觉到，就是不想承认来自家庭的这股压力是造成自己患癌的原因。

另一方面，左乳腺癌患者比较开放，也会以对方的想法为优先，但因为常常为了他人而行动，导致身体疲劳，甚至过度操劳，因此在过度的压力下，让身体失去平衡。

由此可见，右乳腺癌显示的是长年累积的精神压力，左乳腺癌显示的是身体上的压力。

在此先插个话题，大家是否看过奈良的大佛？

大佛右手是手掌面向前方举着，左手是手掌向上托在膝盖上。

这个姿势显示右边代表发送信息，左边代表接收信息。

这种情形也适用于人类身上，所以右边身体代表向外传送，左边身体代表接收。以人际关系来说，如果想主动表现自己，就从右边身体开始活动；如果想接受对方的想法或各种状况，或表现出柔和的一面来，就从左边身体开始活动。

如果将自我表现或内心的想法压抑下来，这种能量很容易囤积在右乳房里。相反，如果一味逆来顺受地承受压力，一旦超过自己的极限，这种能量就会囤积在左乳房里。

尽管无法一概而论左右两边代表的类型，不过一般认为右边容易出现与男性化能量有关的问题，左边则容易出现与女性化能量有关的问题。

前述的临床研究结果也提到，右乳腺癌患者以理性派的人居多，显示这类人认为问题都"应该由自己解决"。

左乳腺癌患者则以能体谅对方的想法、懂得体贴对方的温和派居多，所以即使受到他人无理的要求，也往往很难拒绝，最后的结果就是将对方的压力变成自己的压力并累积在体内。

即使最后幸运地躲过乳腺癌，也会引发乳腺囊肿、乳腺炎、激素引起的乳腺病等，造成乳房硬块或疼痛的情形，所以如果这种症状出现在左右一边的乳房，就一定要赶紧厘清自己的情绪种类。

顺带一提，有不少人左右两边的乳房大小不一，这和乳房下面的大胸肌有关，显示对左右两手的使用方法不同。

乳房是女性充满神秘性的部位，具有保护肺与心脏等器官的功能，而就关怀生命的观点来说，左右两胸都有共同的作用，且右胸与左胸分别象征坚强与温柔的心理，这一点一定要时时提醒自己。

会便秘，
是因为事事都想延后处理

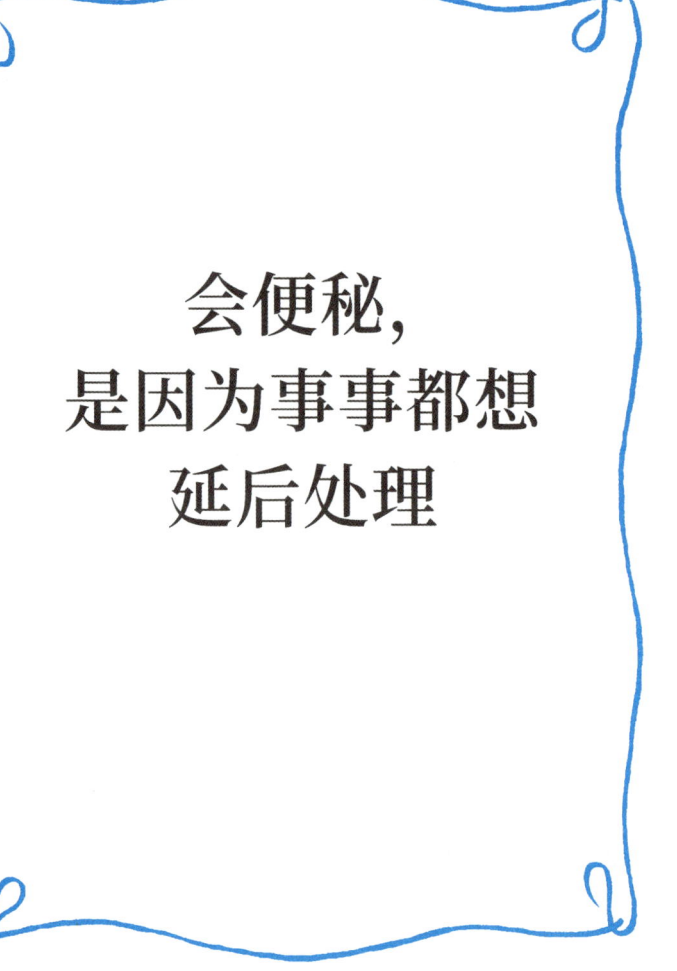

第4章 调整忧郁、无精打采的情绪

便秘是女性的大敌，对皮肤当然也不好。

男性虽然没有女性容易便秘，但近年来同样有增加的趋势。

尝试过许多方法都无效……有这种情形的人一定要知道，解除便秘的关键在于小腿肚！

小腿肚是"后退走"时最活跃的肌肉，换句话说，就是累积"只想避开眼前状况"心情的部位，因此小腿肚象征了"事后再说"与"总会解决"的心理。

事实上，容易便秘的人，最常说的口头禅也是这类的话。

当然便秘的原因有很多，其中之一是肠内囤积太多热量，造成肠黏膜干燥而无法顺利排出粪便，这时候必须设法将干燥的肠内热量释放到腿部去。

肠和小腿肚有关？或许大家会有这个疑问，但"气"的通道上有"三焦经"，而且会经过小腿肚。

三焦经是调整头部、胸部、腹部三处"气"的经络，所以将腹部里含有干燥热量的"气"释放到小腿肚，是最好的办法。

简单来说，应该做小腿肚运动来输导热量。

特别推荐的小腿肚运动是"厨房运动"。

也就是利用站在厨房里的时间来做运动，如做菜或洗碗盘时。

首先要站直身体，并张开双脚与肩膀齐宽。

接着用力抬高脚跟，进行伸展操运动。

刚开始的 10 次，要将脚尖稍微往外侧张开，以"外八"状态进行。

同时，将身体重量放在双脚的小脚趾侧。

接下来的 10 次则将脚尖朝向内侧，以"内八"状态进行。

同时，将身体重量放在双脚的大脚趾侧。

采取"外八"状态进行时，要记得收紧肛门；采取"内八"状态进行时，则要记得在腹肌上用力。

腰部力量较弱的人，进行这项运动时要特别注意。基本上只要每天持续做 10 次"外八"、10 次"内八"，共 20 次运动，运动量就已足够。

做运动最重要的是持之以恒，但就现代人的生活来说，要抽出时间做运动并不容易，所以诀窍在于将这种运动融入自己的生活习惯或行动里，如果能持续做到"只要站在厨房时就会不自觉做伸展运动"的程度，就能化习惯为自然，这也是人们大力推荐在厨房里进行"边做事边运动"的理由。

今后不论刷牙时还是看电视时，都应尽量找时间做这项运动。只要配合自己的生活作息，在适当的时机里进行就可以了。

整体来说，有便秘倾向的人通常容易错失时机，最后恐怕想排也排不出来，因为时机对肠的运作非常重要。

进行小腿肚运动时，一定要有"我现在马上做""我已经在做"的心理。

要彻底消除"事后再处理"的心理，最有效的方法就是活动小腿肚。

一定要改掉"总会解决""事后再说"的口头禅，并养成在适当时机活动的习惯。

● 要调整忧郁、无精打采的情绪，就对身旁的人道声"早"

心脏健康的人，光看外表就充满活力，喜怒哀乐的情绪也很丰富，最大特征是脸上经常挂着笑容，拥有一种天生就能吸引人的魅力。

能将心脏的活力带给身体的力量，就是血液循环，而全身充满活力的人，全身的血管也会充分活跃运作。事实上，情绪的起伏、与他人之间的互动，都会大大反映在血液的流动上，所以这样的人对开心的事及爱恨情仇，都会很敏感，也容易对他人产生移情，对动植物充满爱心。

另一项特征是言行举止虽然天真烂漫，但也很在意他人的感受。

心脏同时是母爱的表征,更负责把这份爱运送出去,所以会全年无休地将名为氧气和养分的爱,传送到身体各个细胞里去。

心脏健康的人,属于会将这种"把爱分送出去"的心脏力量全面展现出来的人,所以会对他人深感兴趣,也会随时关心周围的人,是非常可爱的人。这样的人,血管也会紧跟着这种心理活动运作,因此让当事者随时看起来都充满光芒。

不过相反地,这种人也很容易因他人的言语而受伤,因为一心想取悦他人,想和大家分享自己的活力,一旦迟迟无法如愿,甚至遭到对方冷漠对待,就会非常受挫,所以这样的人,最重要的就是学会管理自己的情绪,千万别因对方的言语反应过度,否则很容易引发身体上的症状。

最好的方式就是感受自己的心跳。

例如泡澡时,将手贴在胸部中央稍微偏左的地方,也就是心跳最明显的地方,然后闭上眼睛,将所有精神贯注在心跳上。

这个做法虽然简单,但因为全神贯注就是灌注爱的表现,所以不妨利用这种方式,将爱也传送给心脏。

不仅如此,只要多采取"与他人分享"的行动,就能恢复原有的可爱与魅力。分享的东西不必是有形的物品,可以是有趣的信息、经验、智慧,甚至道声"早"都是与人分享的好行为。

要调整无精打采和忧郁的情绪,最有效的方法就是和身边的人分享笑容,度过美好的每一天。

Column 4

语言的力量

语言是"个人在某个场合里表达自己意见的手段"。

我认为,语言是联结个人与环境的重要沟通工具,也因语言形成属于个人的气场。

此时的"气场"也包含了表达意见之人累积的经验,如健康的身体与美丽的皮肤,都是一个人累积努力而来的成果,换句话说,在这种累积努力的"气场"之上,体现着个人目前的身体状况。

我们每个人都是在自己与外部环境中,努力创造属于自己的"气场",所以个人与场合,也就是语言的使用方法,凸显的是这个人如何与社会联结。

客气的语言表达,表示这个人始终很客气地面对着社会。

相反,粗暴的语言表现,会连带地让属于自己身体的

"气场"紊乱。

粗暴的语言最先会表现在眼睛、下巴、牙齿等处，而日积月累下还会进一步影响知觉神经。

不仅如此，这种紊乱情形也会表现在皮肤上。

因为皮肤表面布满能察觉外部温度、湿度、空气状态等微妙变化的神经末梢，而粗暴的语言会造成你周围的空气振动，所以这种影响最终会回到你的皮肤上。

粗暴的语言对牙齿和下巴的影响也同样重要，因为此时唾液腺的反应会变得迟钝，导致身体无法适当地分泌消化液，最后的结果就是口干舌燥，当然也会影响胃与肠的消化活动。

不过话说回来，语言表现并不存在所谓正确与否的衡量基准。

有些场合适合文雅的语言表达，有些场合即使语言表达得不够文雅，也能传达自己充满关怀的心意。

但不论在哪种场合里，都应避免"口吐恶言的表现"。

尽量不要被朋友、周边的人、流行语、电视报道等影响，跟着说出不像你会说的话，否则日积月累下去，一样会让属于你的"气场"紊乱。

务必好好检视你今天的语言表现，并从明天开始积极意识到你的语言表现，以养成使用属于你自己的语言表现习惯。

第 5 章

调整恐惧、害怕的情绪

相关的主要器官

肾脏

肾脏位于背部靠近腰的地方，共有两个。

肾脏负责过滤血液并制造尿液，将身体里不必要的老旧废物与多余盐分、水分排出体外。维持体内一定的水分，同时维持体液里的钠和钾等成分均衡，这些都是肾脏的工作。此外，肾脏与血压也有密切关系。由此可见，不停歇地将不必要物质排出体外的肾脏，是很有毅力也很有均衡感的内脏器官。

● 恐惧易伤肾

恐高症、幽闭恐惧症、尖物恐惧症、社交恐惧症、怕虫等，从这些情况看，令人害怕的对象有千百种，但究竟什么才是最可怕的？

此处要来探讨最极端的情形，那就是"对死的恐惧"。

只要探讨这个最令人害怕的对象，再调整其他令人害怕的心理或许就容易多了。

无论是谁，一定都会怕死。

我小时候曾有一段时期，每天都很害怕地认为"我今天一定会死"。

对于要去上学这件事,心里怕得不得了,总觉得今天说不定会被车撞死、被坏人抓走、被上学途中每天都会遇到的那只大狗咬死……

现在回想起来,当时为什么会那么害怕,连自己都觉得不可思议,但对当时年少的我来说,这的确是一个很大的困扰。

目前我因为工作的关系,接触过许许多多不同类型的患者,其中当然也接受过实际面对死亡威胁的患者咨询。

对癌症的恐惧、对其他疾病的恐惧、对死的恐惧……这些当然都是很自然发生的根源性情绪,但仔细分析会发现,恐惧有以下特征:

◇与珍爱的人永别。

◇名为"自己"的这个存在的瓦解与消灭。

基本上可归纳出与这两大主题有关。

自己累积的经验与思想,以及带给自己这些经验与思想的契机的各种人际关系,要失去这些,确实很令人害怕。

传统医学主张"恐伤肾",认为恐惧对肾脏有害。

众所周知，肾脏具有过滤血液与制造尿液的功能。

肾脏会将血液里多余的杂质区分开来，以净化血液。

但血液对身体来说，完全是"自己的分身"，要将这种"另一个我"过滤后排除出去，当然会感到恐惧。所以肾脏总是会谨慎恐惧地思考，真的要舍弃这个东西吗？有没有可能之后还会用到？是不是先保留下来比较好？简单来说，肾脏在日常生活里，不断要面对这种"恐惧"。

但如果肾脏因此没有放手，继续保留这些不必要的血液时，情况又会如何？届时血液会变浓稠，也会因此囤积毒素，使身体容易受细菌等感染。

恐惧是生命陷入危机时发出的一种警示。

自己珍爱的人陷入危机时；

自己拥有的财产、物品、土地受到侵犯时；

自己想做的事被他人抢走时。

恐惧就是为保护自己拥有的不被他人抢走时的心理，是一种警告。

肾脏虚弱时会出现的自觉症状	
腿、腰有倦怠感	白带（量多）
脚踝容易扭到	子宫肌瘤
膝盖痛	脖子无法转动
脱发	气喘（来自肾脏）
白发	精力减退（勃起功能障碍）
头皮屑	前列腺炎、前列腺肥大
扁桃腺红肿（扁桃腺增殖性肥大症）	尿频
耳鸣	腿部浮肿
重听	脚癣
耳痛、中耳炎	腹股沟癣
智齿（咬合不正）	鸡眼
眩晕（来自肾脏）	

　　拼命三郎的口头禅是"这个得做、那个也得做"，行程总是排得满满的，但这种拼劲如果是源于恐惧，就很容易累积压力，到头来搞不清楚什么才是"自己真正想做的事、觉得开心的事"。

　　来自恐惧的拼劲会呈现在身体上，如腿部浮肿、腰部沉重、脚踝僵硬、骨盆变硬、经期不顺、痛经等,甚至会变得容易感冒,也容易引发鼻炎或喉咙发炎等症状。

最好明白恐惧是要我们"将不必要的东西放掉"的信号。

"紧抱不放"只会让身体无法动弹,也会降低你真正的魅力与能力。

要调整恐惧的情绪,诀窍就是简单又清楚地说出"我要……",将自己特别化,只做自己能做到的事,其余的事就交给他人去负责。

整理好身边的事物,舍弃不必要的文件与书籍、杂志也很关键,所以别再继续留着"总有一天会用到",却始终没派上用场的东西。

要调整名为恐惧的情绪,最有效且具体的方法就是把家里整理干净,并大胆丢弃不必要的东西。

第 5 章　调整恐惧、害怕的情绪

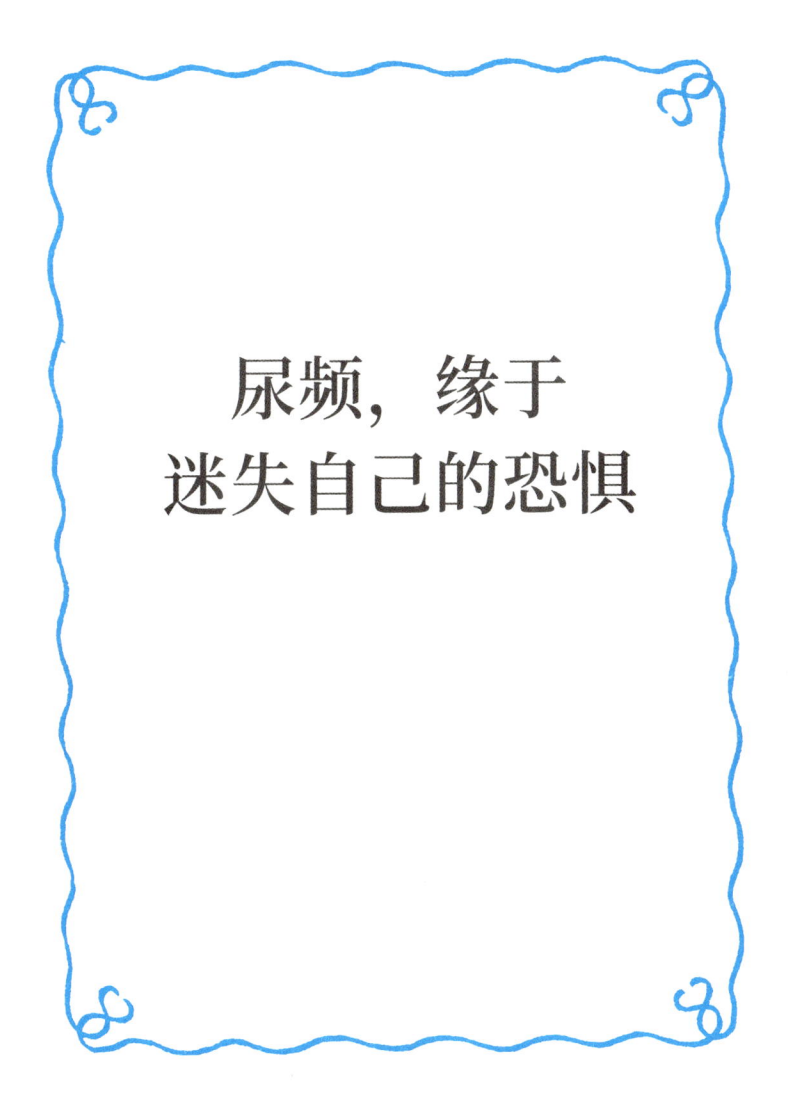

尿频，缘于迷失自己的恐惧

尿频与膀胱炎常常是身体基准失衡时出现的症状。

这类来自膀胱的症状，其实都与肚脐有关。

位于身体中央的肚脐，代表"我的基准在这里"的心理。

还没出生的胎儿，会在妈妈肚子里通过脐带吸收氧气、养分和其他所有必需的物质。

虽然连接脐带与膀胱的"脐尿管"会随着胎儿的成长逐渐退化，但至少从这里可以得知，肚脐与膀胱的确是连接在一起的，着实叫人吃惊。

膀胱不只是储存尿液的地方，当体内血液所含无机盐、葡萄糖、氨基酸浓度过高时，膀胱还会设法排出较浓的尿液来稀释血液；相反，当体内血液浓度过低时，则会排出较淡的尿液来浓缩血液。如果血液象征的是"现在的我"，那么膀胱就是负责调整"现在的我"，而负责接收这些信号的天线则是"肚脐"。

传统医学提到"脐下三寸"[①]有丹田，说这是非常重要的

[①] 传统医学的三寸，是横指同身寸，用除拇指以外剩下的手指并拢，取四手指横度为三寸。

部位。

不过关于这个"脐下三寸"的说法，其实并非在肚脐"下方"三寸处，而是在肚脐"深处"三寸的地方，换句话说，丹田位于身体里面。

这个地方其实正是前面提到的脐尿管所在的位置，所以丹田就位于肚脐与膀胱之间。

肚脐拥有的能感受各种事物的能力远远超出我们的想象，所以当血液太浓时、血液太稀时、血液太冷时、血液囤积太多热量时……肚脐都能发挥天线的作用，通知膀胱来调整血液浓度。

这同时等于在告诉我们，自己目前的基准处于什么样的状态。

活在现代社会里，要坚定地维持自己的基准而不失衡，是一件很难的事，因为如果想搜集信息，只要有心就能随时搜集到海量信息，甚至通过社交网站能轻易得知遥远地方的人发出的所有有心、无心的意见。

求知的欲望没有极限。

尽管现在已能随意去到地球上的任何地方，但也不代表能轻易在所有国家居住下来，就连遇到的人，终我们一生也是很有限的。

这就像在书店里能看到许多书籍，却没办法读完所有书籍一样，即使真能全部读完，人生大概也快过完了，对这个人来说，他人生的世界就是在书堆里结束。

总的来说，从整个时空来看，我们只活在其中的一小段里。

想了解什么、想撷取哪一部分来生活，将决定我们的"世界"。

既然如此，何不开心地生活？而开心生活的方法，就存在于你对开心的获取方式。

新闻报道的目的原本只在提供信息，要如何解读这些信息是我们自己的事，偏偏现在的新闻报道充斥着令人们过度不安与恐惧的内容，等我们察觉到时，已经越来越不明白自己的想法了⋯⋯

一定要随时提醒自己，"世界"是我们耳闻目睹架构出来的，应该尽量聚焦在能让自己快乐的事物上，这才是度过快乐人生的诀窍。

而这一衡量基准就存在我们的肚脐里,但直接触摸肚脐恐怕不太好,所以不妨伸直脊背,并偶尔轻抚肚脐四周,设法提高这个"天线"的敏锐度。

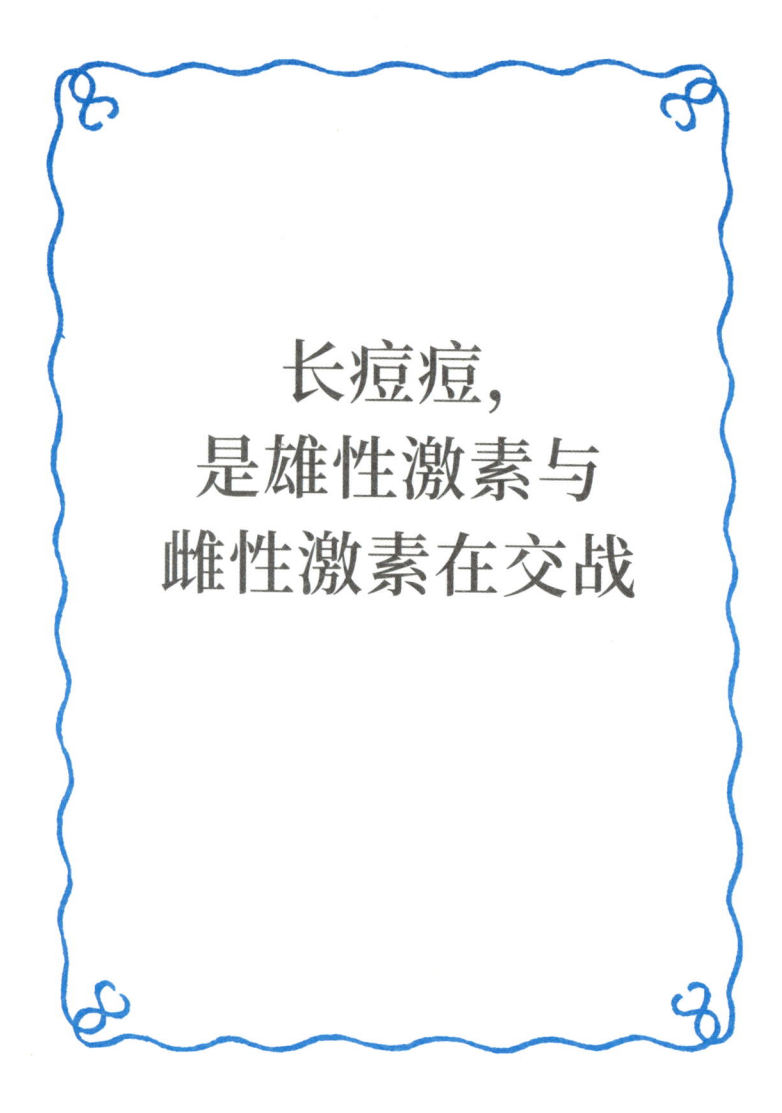

长痘痘,
是雄性激素与
雌性激素在交战

第5章 调整恐惧、害怕的情绪

痘痘与粉刺最容易出现在上半身,尤其以脸、脖子、背部等处居多。

这证明此时"气"正往上升,因为"气"习惯聚集到"上面"与"表面"。

皮肤可分为覆盖在身体表面的表皮层及表皮层下面的真皮层。

要探讨长痘痘的病理,只要明白表皮象征"显意识",真皮象征"潜意识",自然能一目了然。

这代表真皮层——潜意识里的纠葛,已经浮现到表面来,才会通过痘痘与粉刺等有形物来表达诉求。

相较之下,很想表达自己却不知该如何表达,是年轻时的青春痘想诉求的主张。

不过话说回来,也有一些人从来没长过痘痘或粉刺吧。

这样的人,都是有办法在真皮层里就解决掉问题的人,所以没有机会让问题浮现出来,自然不会长东西。

在此稍微说明一下长痘痘的机制。

皮肤是由表皮、真皮、皮下组织三层构造组成，长出痘痘的"毛囊"位于中间的真皮层里。

毛囊的出口是毛孔，当最上面表皮层的毛孔因脏污而被堵住时，油脂就会囤积在下方的毛囊里，最后变成痘痘。

皮脂腺同样位于真皮层里，与毛囊如树枝般联结在一起，而真皮层里还有负责排汗的"汗腺"，当皮脂腺分泌的皮脂与汗腺排放的水分巧妙地融合一起时，会在皮肤表面形成"皮脂膜"，负责保护皮肤不受紫外线等外来物质刺激。不仅如此，皮肤能保持滋润也是拜皮脂膜所赐。

会长痘痘，就是这种油脂和水分的比例失去平衡所致，因为油脂囤积过多而形成。

皮脂腺分泌的皮脂里含有三酸甘油酯，是痤疮丙酸杆菌的养分来源，当痤疮丙酸杆菌增生时，毛囊内就会发炎，甚至化脓，这就是痘痘的起源。

想治好痘痘，这时候只要消灭痤疮丙酸杆菌就能有效治疗，但追根究底来说，真正的原因来自皮脂变多的体质。

造成皮肤皮脂腺发达的原因，与雄性激素有关，也就是所谓的"男性荷尔蒙",因为皮肤里存在接收这种激素的"受体",是这个受体造成皮脂腺的发达。女性也有雄性激素,基本上是由卵巢与肾上腺分泌的。

不过就女性的情形来说,最常在黄体期(从排卵后到下次月经来临前)长痘痘。

因为在这段时间,皮脂腺会受到刺激,造成皮肤容易变油。

简单来说,女性在黄体期基础体温比较高,身体比较容易松弛,所以皮肤会因此失去弹性,体重也不容易下降,痘痘因此冒出。

对女性来说,雄性激素与黄体素(一种雌性激素)之间的抗衡情形,会直接呈现在自己的男性化特征与女性化特征的均衡状态上。

容易长痘痘的人,或许可以说是在原本应悠闲度过的黄体期,过度发挥男性化特征的结果所致。

这样的人通常都无法卸下自己的战斗心态,或很想和他人有所联结却办不到,甚至无法将自己好好地放松。如果想改变这种状况,首先一定要确实传达自己的想法,偏偏这样的人就是办不到，在无法传达自己想法的状态下，只能将自己的想法封存起来，最后的结果就是无法摆脱烦人的"痘痘生活"。

要改变这种体质，最好的方法就是设法卸下自己的战斗心态，并坦率面对自己的心情。

此外，当身为女人的自我表现（女人就该这样才有女人味），与身为男人的自我表现（男人就该这么做才是男子汉）交战情形越严重时，"恶果"越有可能从真皮层显现到表皮层来。

换句话说，女性应该坦率面对拥有"自我风格"的美，而不是追求不知道是谁制定的"理想美"，如果被"理想美"这一幻想绊住，就很容易对目前的自己感到不满，进而否定自己。

如果觉得自己长痘痘或粉刺的情形很严重，就一定要好好面对这种潜在的自我心理纠葛。

坦率面对自己的身体，就是在坦率面对自己的心理。

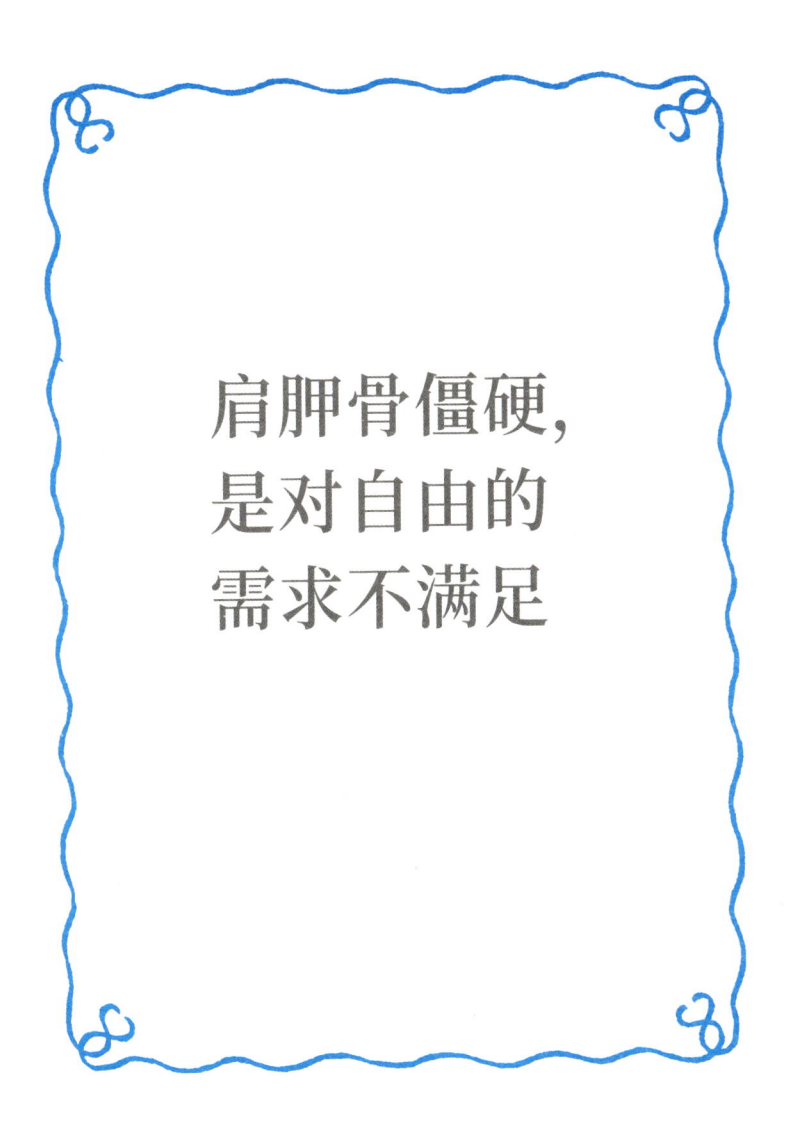

肩胛骨僵硬,是对自由的需求不满足

能自我察觉肩胛骨僵硬是一件很重要的事。

有太多人都没有察觉自己的肩胛骨僵硬，有些人是去按摩时，被按摩师说"你的肩胛骨很僵硬呢……"才首次发现这一点，或许你也有这样的经验吧。

肩胛骨经常是承受巨大压力的部位。

人都拥有"说不出来为什么，但我就是想这么做"的一种类似天生的需求，而这种需求会表现在肩胛骨上。

我曾在一本书上读到，生物在演化的过程中，鸟类为了飞翔而进化出翅膀，人类为了创造与发明而进化出双手，这让我深有同感。肩胛骨对鸟类来说就是"翅膀"，象征着翱翔天空的"自由"。肩胛骨也许是天使羽翼的遗迹……我甚至听过这种浪漫的学说。

想更了解这个浩瀚的宇宙、想离开父母身边独立、外面的世界里一定也有我的容身之处……这些与环境改变有关的"空间需求"，全都反映在肩胛骨上。

反过来说，这也表示肩胛骨越僵硬，情绪全集中在某一处的心理纠葛情形也越严重，如来自职场、家庭、父母、当地社会文化的束缚感。

不过话说回来，就人类的身体层面来看，还是渴求能双脚踏地，这种需求不论面对父母还是伴侣，或是职场上的主管都一样，而这种"对经济自由需求"的心理纠葛，最容易以肩胛骨僵硬的方式呈现。

"脚踏实地"固然很重要，但如果特别在意满足他人的需求，却忘了自己的羽翼，绝对不是一件好事。

基本上肩胛骨、肩膀关节、锁骨三个部位是联动的，就结构上来说，有如上半身穿了铠甲。而从肩胛骨的"胛"字就能看出，此处僵硬代表正处在"战斗模式"中。

空间自由、经济自由、战斗模式。

肩胛骨承担着如此重大责任，如果没能察觉自己的羽翼状态，就会在无形中背负起沉重的铠甲。

偶尔也该脱下这些铠甲，"意识性"地让肩膀和手臂放松一下，如果不懂得适时脱下铠甲，就无法得知自己真正的需求。

如果以"气"的流动方式来说，肩胛骨上也有三焦经通过的重要关键点。三焦经是将"气"运送到上焦（呼吸系统）、中焦（腹部）、下焦（泌尿器、生殖器）的通道，也负责调节体温和淋巴流动。

简单来说，肩胛骨负责将囤积在肩膀上的"气"分散到全身各处，起到促进淋巴流动的作用。

肩胛骨对手臂和手指的使用方法，也有很大的影响，而手是一个人表现自我的部位，所以个人的需求表现，会从肩胛骨通过手传达出来。

让人按摩肩胛骨，表示想克服对束缚的恐惧，起到疏通全身自由的作用。

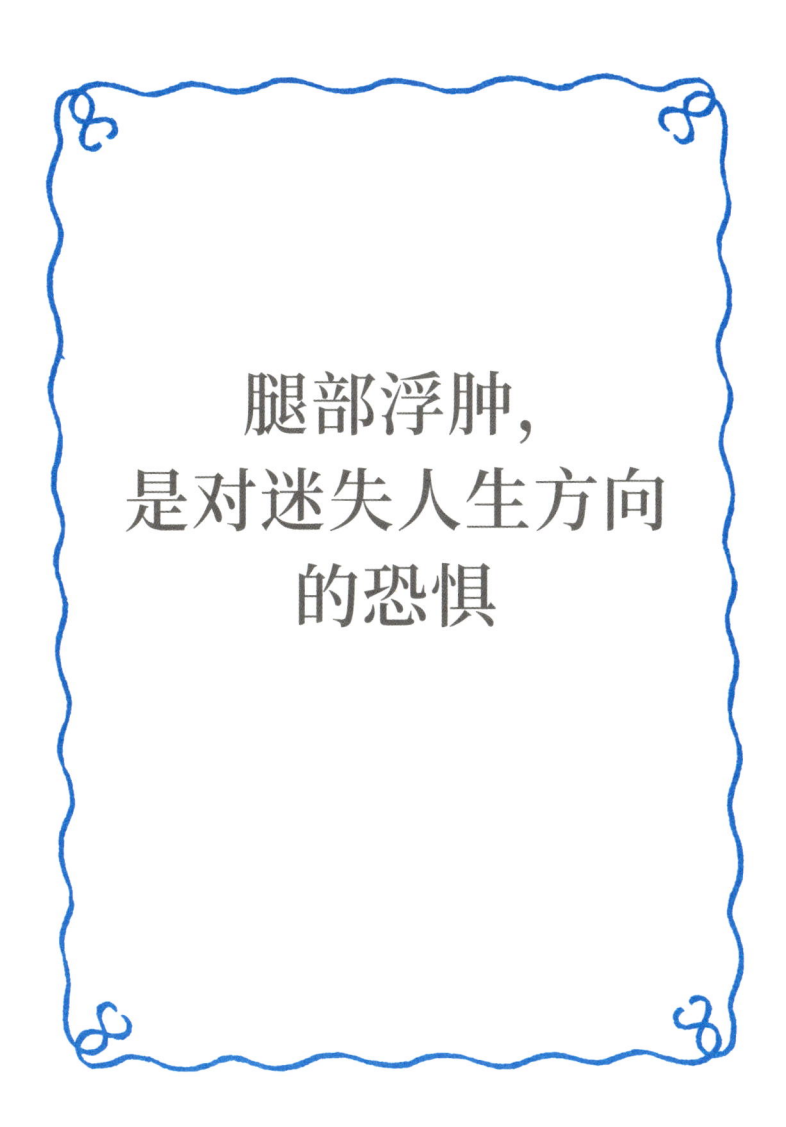

腿部浮肿，是对迷失人生方向的恐惧

最常出现在腿部的自觉症状是浮肿。

腿部症状最常来自对未来、对自己应前进的方向感到迷失或恐惧时。

腿部浮肿其实和呼吸有关。

呼吸太浅时,全身的血液循环会变弱,因为血液循环并不单靠心脏的力量在进行,而是由心脏、肺、腿部肌肉携手合作。

深呼吸时能大大伸展与收缩肺,而当我们深深吐气时,血液会瞬间从心脏流进肺里,等于将血液从心脏往上打进肺里。

利用心脏力量被输送到全身各处的血液,之后要对抗重力原理再度流回心脏,必须借助腿部肌肉的运动。在腿部肌肉的运动下,血液会从腿部往上送到腹部去,之后继续往上送回心脏,但此时仍需进一步的助力。

这个助力就是呼吸。呼吸能帮助心脏将血液继续往上打进肺里。

当呼吸的力量变弱时,血液从腿部往上送的力量也会跟着减弱,导致血液滞留在腿部,最后引发浮肿。

腿部的症状,原因当然不单纯只出现在腿部。

例如，同为灵长目的猴子都很擅长利用双脚来抓住树枝。

但人类已经进化到以双脚步行，不再需要抓住树枝，而是必须用双脚抓住地面，所以双脚才会各需要五根趾头。简单来说，尽管没有手指头灵活，双脚也为了能抓住地面而进化出各五根脚趾头来。

脚踏实地站在地上后，到底要往哪里去，必须找到一定的"方向"。

双脚所朝的方向，象征人生应该前进的道路。

此时需要的是自己的美学意识与方针。

社会越复杂时，越需要拥有自己的方针，才不会受泛滥的信息迷惑，而这个方针就存在自己的脚上，这一点千万别忘了。

你平常很少注意自己的双脚吧，所以更应提醒自己好好观察双脚，如外出要穿鞋子时，仔细观看双脚。

别再慌张地套上鞋子就出门，应该好好调整一下呼吸，并慢慢穿上鞋子，设法将意识放在脚上。

同时，在心里默念一句："我会端正地走路的。"

要外出时"先让自己冷静下来"，是关键的一点，只要这么做，走路时自然会关注自己的双脚，而只要关注自己的双脚，走路姿势自然会变美。

不妨试着优雅地走路看看，一定能发现平常看惯的街景变得不一样了，身体深处也会同时涌上一股无以言表的自信。

● 要调整恐惧、害怕的情绪，就抬头挺胸走路

肾脏健康的人姿势都很端正，气质也很优雅。

而且态度柔软，性情温和，手指和脚趾都纤细柔和，眼神也从容不迫，看起来落落大方，脸上会挂着浅浅的笑容。

如果是女性，甚至会有滋润的眼睫毛与充满光泽的黑发，让人觉得很性感。

肾脏位于双手下垂时的手肘高度处，如果敞胸将手肘用力往背后拉，两边手肘碰触到的地方就分别是左肾和右肾。

在背后守护身体，是肾脏的职责。

而在体内，肾脏负责过滤，以净化血液，同时承担着守护血液的工作。

肾脏功能健全的人，能带给周围人安心感，应该也常常接到他人的烦恼咨询，因为这样的人浑身散发着"我永远都会在这里守护你"的气息。

不过这项功能如果发挥过度，就会给人一种优柔寡断的印象，甚至让别人感到烦躁，如此一来，又让自己感到焦虑。

要充分活用肾脏的功能，平常不论是站立还是走路时，一定要有意识地收紧肛门。

只要收紧肛门，自然就会抬头挺胸，所以不论在哪种场合，都别忘了提醒自己这件事。

只要持续进行两个星期，姿势就会变得端正，体形也会变好，看起来更苗条。

不过刚开始将意念集中在收紧肛门时，或许因为不习惯，有不少人表示呼吸变得困难。

建议必须持续进行两个星期，目的就在这里。

要能自然收紧肛门,还能维持顺畅的呼吸,务必学会这一诀窍。

优柔寡断也是恐惧的一种表现,而能抬头挺胸走路的身体,绝对能阻止优柔寡断的心理进驻。

后 记

首先要特别感谢中经出版社的中野亚海小姐与黑川千作家,经常陪我讨论到深夜,我们三人一边揉着惺忪睡眼,一边绞尽脑汁,才让此书呈现在读者面前,在此由衷地感谢两位。

我研究心理与身体的关系已经超过 20 年。

究竟是先有心理还是先有身体,这是我一直思考的问题。

有时为舍弃情绪,必须先活动身体才有效,但有时心理不过才稍稍改变而已,就让原本不动的关节突然动起来,所以究竟哪个在先,完全看患者的状况。

基本上我是一个现实主义者,工作时都会主动以实用且有结果的方法论为主，虽然身为治疗专家，必须拥有某种程度的"坚持"才对，但我会极力将这种坚持排除在脑外，有时这种努力也无法让我得到想要的结果。

由此可见，心理世界是非常深奥的，而身体世界同样充满神秘。

即便如此，我仍想继续探究心理与身体的关系。

因为我认为唯有侧耳倾听身体的声音，才会得到真正有益于自身的信息，也就是说，每个人都拥有名为身体的人生领航者。

在今后的日子里，就"自我疗愈"的意义来说，这将是非常关键的，因为在自己的身体必须由自己保护的时代，真正保护我们的也是我们的身体。

如果本书能帮助更多的人了解情绪影响身体的运作机制，进而利用这种交互作用来维持健康，身为作者将感到无比光荣。

祈祷有朝一日能彼此面带笑容相逢。

最后非常感谢大家购买本书。

自凝心平

图书在版编目（CIP）数据

情绪的毒身体知道 /（日）自凝心平著；萧云菁译. -- 北京：北京日报出版社，2021.6（2023.5重印）
ISBN 978-7-5477-3931-0

Ⅰ.①情… Ⅱ.①自…②萧… Ⅲ.①情绪-自我控制-通俗读物 Ⅳ.①B842.6-49

中国版本图书馆CIP数据核字(2021)第054921号

著作权合同登记图字：01-2021-1628号

IKARI · FUAN　KANJO NI TORAWARERU TO BYOKI NI NARU
© Onocoro Shinpei 2013
First published in Japan in 2013 by KADOKAWA CORPORATION, Tokyo. Simplified Chinese translation rights arranged with KADOKAWA CORPORATION, Tokyo through Shinwon Agency Co., Seoul.

本书译文由漫游者文化授权使用

情绪的毒身体知道

责任编辑：	秦　姚
作　者：	[日]自凝心平
译　者：	萧云菁
监　制：	黄　利　万　夏
特约编辑：	曹莉丽
营销支持：	曹莉丽
装帧设计：	紫图装帧
出版发行：	北京日报出版社
地　址：	北京市东城区东单三条8-16号东方广场东配楼四层
邮　编：	100005
电　话：	发行部：(010) 65255876 总编室：(010) 65252135
印　刷：	艺堂印刷（天津）有限公司
经　销：	各地新华书店
版　次：	2021年6月第1版 2023年5月第3次印刷
开　本：	880毫米×1230毫米　1/32
印　张：	6
字　数：	99千字
定　价：	49.90元

版权所有，侵权必究，未经许可，不得转载